AF619753

Memoires de Trevoux. pag. 1. janv. 1729.

art. VII.

Dissertation adressée au P. Sanadon, où l'on réexamine la Traduction et les Remarques de M. Dacier sur un endroit d'horace Sat. 3. L. 1. et où l'on explique par occasion, ce qui regarde le Tetrachorde des Grecs.

DIALOGUE
SUR
LA MUSIQUE DES ANCIENS.

A MONSIEUR DE ***

par M. l'Abbé de Chateauneuf.

A PARIS,
Chés NOEL PISSOT, à la Croix d'Or, Quai des Augustins, à la descente du Pont-Neuf.

M. DCC. XXV.

Avec Approbation & Privilege du Roi.

AVERTISSEMENT.

de M. de Morabin

DE la maniére dont ce Dialogue est écrit, on reconnoîtra sans peine que ce n'est point l'ouvrage d'un faiseur de Livres ni d'un partisan de systèmes.

Je ne sais quoi de plus libre dans les sentimens & de plus aisé dans les expressions & dans les tours suffiroit à désabuser quiconque se seroit laissé prévenir du contraire sur un titre qui semble ne promettre que de l'érudition, & qui pis est de l'érudition didactique.

Il y a sans doute un peu de celle-ci : car quel moyen de se tirer autrement d'une question dont l'intelligence est pour ainsi dire attachée aux termes de l'Art ? Mais cette érudition là même eſt ménagée deſorte qu'on ne ſauroit reprocher à l'Auteur d'avoir excédé la meſure de ce qu'il en devoit employer pour ſe faire entendre; ce qui ſuppoſe que l'on ſeroit aſſés injuſtes pour ne lui pas tenir compte de l'avoir temperée par tous les aſſaiſonnemens les plus propres à la faire goûter.

Quant à la queſtion priſe en elle-même, on voit bien qu'il n'a pas eu intention de la réſoudre: il ne faut pour s'en convaincre que jetter les yeux ſur les traits qui charactériſent ſes Interlocuteurs. Le plus ſavant des deux eſt en même-tems le plus entêté; & l'on ne ſauroit dire du plus raiſonable que l'opinion qu'il défend ſoit pluſtôt la ſienne que celle qu'il prend à tâche de combattre.

Dans la vérité il s'agiſſoit moins de décider, que de faire ſentir (ſans choquer perſonne) l'abſurdité qu'il y auroit à prononcer dans une cauſe où il ſeroit auſſi néceſſaire qu'il eſt impoſſible d'entendre les deux Parties.

C'étoit donc aſſés faire pour l'honeur commun de l'une & de l'autre, que de conſerver à chacune ſes avantages : & c'eſt ce qu'a éxécuté M * * * avec une neutralité d'affection tout-à-fait digne d'un homme qui avoit apporté dans le commerce du Monde, dont il faiſoit les délices toutes les richeſſes de l'Antiquité qui faiſoient les ſiennes.

Que ne puis-je apprendre ſon nom à mes Lecteurs, ils n'éxigeroient point de moi d'autre éloge. Mais que dis-je ! Il m'eſt également défendu de ſatisfaire leur curioſité & mon zèle ; & je ne dois pas même vouloir donner atteinte à la condition du ſecret, ſans laquelle le Poſſeſſeur du Manuſcrit que je publie n'auroit jamais consenti à lui laisser voir le jour.

On démêlera plus facilement la fameuse M^le^ Lenclos sous le masque qui la déguise : le souvenir d'une personne si rare est encore trop récent, & les impressions qu'elle a laissées après elle ne sont ni d'une espéce à se pouvoir communiquer à d'autres ni d'une nature à s'effacer si-tôt de la mémoire de ceux qui l'ont connue ou qui ont ouï parler de ses talens Il ne s'agit point ici d'autre chose : & comme ce n'est pas à l'esprit d'expier les égaremens du cœur, c'est assés de cette déclaration pour autoriser la justice que l'on rend à la moderne *Leontium*, & pour disposer tout Lecteur équitable à y souscrire sans scrupule.

Le Musicien, à l'occasion duquel ceux que représentent Théagéne & Callimaque se rendirent chés elle, s'appelloit Pantaléon : il vint à Paris vers l'année 1705, & je crois que c'eſt à ce tems-là qu'on peut fixer l'époque de cette converſation ſavante, dont je ne puis douter que l'on ne me ſache gré d'avoir procuré l'impreſſion.

DIALOGUE

DIALOGUE
SUR
LA MUSIQUE DES ANCIENS.

A MONSIEUR DE ***

VOus vous ennuyez à votre Campagne, mon cher Cléobule, avouez-le de bonne foi, vous vous y ennuyez : & c'eſt pour cela que vous êtes & ſi vif & ſi preſſant ſur tout ce qui ſe paſſe à la Ville. Il n'y a pas encore huit jours qu'on traita chés Leontium la queſtion tant de fois debattue touchant la préférence entre les Anciens & les Modernes : A peine en avez-vous reçû la nouvelle, que vous brûlez d'envie d'apprendre le détail de cette dispute. Qu'avez-vous donc fait de ce dégoût qui vous avoit obligé de rompre avec le Monde? La solitude qui avoit tant de charmes pour vous, commenceroit-elle déja à vous lasser? Quoi, ces arbres, ces fleurs, ces ruisseaux qui s'animoient à votre présence, & dont vous vous piquiez d'entendre le langage, seroient devenus aussi muets pour vous qu'ils le sont pour le reste des hommes! La sérénité d'un beau jour, le calme de la nuit, ce vaste ciel, ces lambris azurés, enfin la nature entiére qui devoit vous être un spectacle toujours nouveau; tout cela, dis-je, a pu si-tôt vous rassasier, qu'il vous faille revenir à nous, & que vous ayez besoin de savoir de quoi les hommes s'entretiennent!

Vous voyez que je n'ai pas oublié le noble enthousiasme qui vous prit, lorsqu'assis à l'ombre de ce vieux chêne que nous comparions au *Plane* du *Phœdrus*, * vous me fîtes l'éloge

* Arbre à l'ombre duquel Socrate est représenté discourant dans un Dialogue de Platon, intitulé PHŒDRUS.

de la retraite & du séjour de la campagne. Eussiez-vous cru alors que je pusse vous combattre si-tôt par vos propres paroles? Mais c'est insulter trop long-tems à une curiosité dont je n'ai garde de vouloir vous corriger: que ne puis-je au contraire l'exciter au point de vous faire regreter ce que votre retraite vous fait perdre, & porter quelque atteinte à une résolution qui coûte si cher à vos Amis!

Heureusement je suis en état de vous satisfaire sur la conversation qui se tint chés Leontium, & qui roula en effet sur les Anciens : de maniére pourtant que ce sujet ne fut pas traité dans toute son étendue, comme il semble qu'on vous l'a mandé, mais seulement par rapport à leur Musique.

Pour vous donner une opinion de cette dispute au-dessus de celle que vous en pourriez concevoir sur mon récit, & vous montrer par là que je sais profiter de l'artifice que vous me fîtes découvrir dans le Prologue du *Banquet* de Platon, lorsque nous lumes ensemble ce Dialogue; je serois presque tenté de commencer par vous dire (suivant la méthode de ce Philosophe) que je n'ai moi-même qu'une idée fort imparfaite de l'entretien qui fait votre curiosité, en suposant que je n'en sais que ce que m'en a dit un de mes amis, lequel n'ayant pû s'y trouver non plus que moi, ne m'en a fait part que d'après un de ceux qui y assistérent; mais je ne saurois vous dissimuler que j'y étois; & ne croyez pas qu'à cause que je vous en parlerai comme témoin, je ne laisse rien à faire à votre imagination; il s'en faut bien que j'aye retenu tous les raisonnemens & toutes les réfléxions que j'entendis faire dans cette occasion, beaucoup moins pourrois-je vous rendre fidellement les expressions dont on se servit. Vous aurez donc le soin, ou si vous voulez, le plaisir de suppléer à tout ce qui pourroit manquer à ce récit.

Une Compagnie nombreuse s'étoit assemblée chés Leontium pour entendre un prodige de Musique, d'autant plus digne de curiosité, qu'il venoit d'un paiis peu sujet à produire des hommes de feu & de génie. L'homme en question jouoit d'un instrument qu'il avoit lui-même inventé. C'étoit une espéce de *Tympanum*, composé de plus de deux cens chordes tendues par quantité de chevalets sur une planche de bois ordinaire, longue de six piés, épaisse d'un pouce, & sans aucune concavité. Mais ce qu'on y remarquoit de plus singulier, (parce qu'on l'avoit inutilement tenté jusqu'ici) c'est qu'au lieu de chordes de Clavessin (qui se sentent toujours de l'aigreur de leur matiére) c'étoient des chordes de Luth. On admira long-tems la nouveauté de cet instrument, sans concevoir quel son pouvoient produire deux bâtons très-legers en frapant sur des chordes de cette espéce, qui sembloient avoir besoin d'être touchées avec les doigts, & qui de plus étoient placées sur un bois épais & solide ; mais dès qu'il eut commencé à préluder, on ne fut plus occupé qu'à admirer son éxécution, qui bien-tôt après parut encore plus étonnante que ses lumiéres & son génie.

On lui prêta une attention qui ne fut interrompue que par les applaudiſſemens qu'il reçut de tous ceux qui l'écoutoient, ſelon le dégré de ſenſibilité que chacun avoit pour la Muſique. On remarquoit entre autres ſur le viſage de Leontium les divers mouvemens & les paſſions différentes que le Muſicien tâchoit d'exprimer: car elle trouvoit de l'expreſſion où nous ne trouvions ſouvent que de l'harmonie, & l'on eût dit que chaque ſon étoit pour elle un ſentiment.

Une impreſſion ſi vive n'avoit garde d'échaper à celui qui la cauſoit, & sembloit en ſe reproduiſant en lui redoubler la tendreſſe de ſon jeu. On peut donc juger du plaiſir qu'il faiſoit par celui qu'il devoit reſſentir lui-même d'avoir pour juges des oreilles ſi délicates, & de ſe trouver au ſortir du Nord tranſporté, pour ainſi dire, ſur un théatre de l'ancienne Gréce. Auſſi étoit-il aiſé de s'appercevoir qu'il jouiſſoit alors de ſon art pour la premiére fois, & qu'il ne s'étoit jamais ſenti ſi puiſſamment inſpiré. Il ſe laſſa cependant plûtôt que ſes Auditeurs.

Quand il ſe fut retiré, la Compagnie ſe ſépara peu à peu, & il ne reſta auprès de Leontium que deux de mes amis & moi, Théagéne dont vous m'avez ſouvent oüi parler comme de l'une de ſes plus anciennes connoiſſances, & Callimaque qui n'avoit été amené chés elle que depuis quelques jours.

Comme ils ont tous deux du ſavoir, ils ne tardérent pas long-tems, à propos de ce qu'on venoit d'entendre, de parler de la Muſique des Anciens; & je ne doutai point que de là on n'entrât en matiere ſur la fameuſe querelle de ceux-ci avec les Modernes.

Je ſavois que Théagéne & Callimaque avoient fait l'un & l'autre une étude particuliere de l'Antiquité, mais avec cette différence que le premier en avoit rapporté une admiration qui tenoit du culte & qu'il n'étoit pas maître de diſſimuler: Callimaque au-contraire ſe reſervoit la liberté de paſſer du moins en apparence dans le parti oppoſé, ſelon les Compagnies où il ſe rencontroit; parce qu'il ſe dégoûtoit aiſément d'une opinion qu'il trouvoit déja priſe par un autre, jusqu'à embrasser avec joie celle dont personne ne vouloit : heureuses la vérité & la raison, quand elles se présentoient à lui destituées de tout secours. Cette indifférence lui avoit acquis une facilité merveilleuse de soutenir le pour & le contre : & quand on lui en faisoit la guerre, il avoit coutume de répondre que c'est être seuls en compagnie, que d'être tous du même avis, & qu'il n'y a point d'opinion qui mérite qu'on l'épouse d'assés bonne foi pour que l'on n'ose l'abandonner.

Il m'étoit donc aisé de juger que la seule présence de Théagéne détermineroit Callimaque à se déclarer contre les Anciens, & c'est ce que je demandois.

Pour Leontium, je savois bien qu'elle ne prendroit aucun parti. Le beau la frape également quelque part qu'elle le trouve, & son goût le lui fait découvrir par tout où il est ; car c'est une espéce d'instinct plus sûr & plus promt que le raisonnement. Son goût donc en la conduisant de fleur en fleur comme les abeilles (ausquelles votre maître * compare les Poétes) lui fait parcourir indifféremment tous les païs & tous les siécles. Mais ces sortes d'imaginations si legéres & si brillantes dédaignent pour l'ordinaire le travail de l'attention. Un esprit né pour les agrémens, & qui n'a jamais sacrifié qu'aux graces, n'a garde de s'assujettir à la patience qui seroit nécessaire pour comparer les beautés d'un tems avec celles d'un autre, à étudier les raports & les oppositions qui sont entre elles, à les tourner de tous les sens dont on peut les envisager, enfin à y apporter la triste & penible éxactitude que demande un parallele. A cela près personne n'eût été plus propre que Leontium à juger entre Théagéne & Callimaque.

Nous demeurâmes seuls auprès d'elle, comme je vous l'ai dit. Elle étoit si remplie de la Musique que nous venions d'entendre, qu'après un assés long intervalle, elle paroissoit encore l'écouter.

Théagéne prit de là occasion de dire qu'il commençoit à compren-

* Platon dans l'Ion.

dre les effets ſurprenans de la Muſique des Anciens. Et quelle impreſſion, ajoûta-t-il, n'auroient point fait des Muſiciens Grecs ſur une ame auſſi ſenſible que l'eſt celle de Leontium, puiſqu'un homme venu du paiis des Vandales a pû faire ce que nous voyons !

J'aurois été bien ſurpris, dit alors Callimaque, que la paſſion de Théagéne eût tardé davantage à ſe découvrir.....

Dumoins ne faudroit-il pas, interrompit Leontium, que ce fût aux dépens d'un homme qui vient de nous donner tant de plaiſir, & qui n'a pu choiſir ni le tems ni le lieu de ſa naiſſance.

Ne diroit-on pas, reprit Callimaque, qu'il y a des terroirs pour les Eſprits comme il y en a pour les fruits ! Je voudrois bien ſavoir, par exemple, continua-t-il, s'il ne vaudroit pas autant pour Orphée ou pour Thamiris * (celui qui défia les Muſes) qu'ils fuſſent ſortis du fond de l'Allemagne, que d'être nés en Thrace, paiis décrié pour ſa barbarie, le ſéjour des frimats, la pa-

* Plutarque, Traité de la Muſique.

trie de Borée & des Aquilons.

Dès que vous employez la fable & le ſtyle poétique, répondit Théagéne, vous me diſpenſez de vous répondre ſérieuſement. Vous ſavez mieux que moi qu'il n'y a aucune conſéquence à tirer des héros aux autres hommes, ni des tems fabuleux aux tems hiſtoriques.

Et dans ces tems que vous apellez hiſtoriques, reprit Callimaque, voudriez-vous répondre, qu'il n'y ait rien de fabuleux? Pour moi, j'ai bien peur que ces Meſſieurs ne nous en donnent à garder ſur leur Muſique comme ſur beaucoup d'autres choſes, & je pencherois fort à croire qu'un frénétique qui ſe laiſſoit calmer par le mode Lydien, étoit déja bien près de la fin de ſon accès. De même quand on nous raconte que Terpandre avec ſa Lyre appaiſa une ſédition dans Lacédémone * ; c'eſt que le Peuple toujours leger & inconſtant de ſa nature, ſe laſſe bien-tôt de ſe battre : ſouvent même avant qu'il ſe laſſe le moindre objet nouveau en attirant à ſoi l'attention, eſt capable de diſſiper le de-

* Plutarque, Traité de la Muſique.

ſordre. Il ſe peut donc fort bien faire que Terpandre, qui connoiſſoit le génie de la multitude, comprît qu'en ſe préſentant avec ſon équipage de Muſicien, il feroit à coup ſûr une diverſion ; & c'eſt peut-être à quoi ſe réduit tout le merveilleux de cette avanture.

Il ſeroit à ſouhaitter, répondit Théagéne, qu'une défaite ſi ingénieuſe eût quelque fondement dans l'hiſtoire. Mais par malheur elle n'eſt priſe que dans la répugnance qu'ont la plûpart des gens d'eſprit à croire ce qu'ils ne comprennent pas.

Vous verrez, reprit Callimaque, qu'à moins de faire l'eſprit-fort, on ne pourra encore ſe diſpenſer de croire aveuglément que Thales le Candiot, par le moyen de la Muſique, délivra les Lacédémoniens de la peſte qui les travailloit. *

Pour Thales, je vous l'abandonne, répondit Théagéne. Comme il eſt dit que l'Oracle l'envoya à Sparte, il y a toute apparence qu'on fit honneur à la Religion de cette guériſon miraculeuſe, quoique Plu-

* Plut. ibid.

tarque la raporte fauſſement à l'harmonie dans ſon Traité de la Muſique, ſuivant la coutume de la plûpart des Auteurs qui font tout venir à leur ſujet : car c'eſt un reproche qu'on eſt en droit de faire ici à cet Ecrivain, d'ailleurs ſi docte & ſi judicieux, puiſqu'il tombe immédiatement après dans une ſemblable erreur, lorſqu'il cite Homére pour prouver que les Grecs affligés du même fleau, ſe ſoulagérent par des chanſons, quoique ce Poéte diſe ſeulement qu'ils appaiſoient le courroux d'Apollon par des ſacrifices & par des cantiques.

Ainſi je vous permets d'attribuer à quelque cauſe ordinaire la guériſon des Lacédémoniens, & de ſuppoſer ſi vous voulez que le Miniſtre d'Apollon arrivant à point nommé avec ſes hymnes & ſa lyre, lorſque le mal étoit ſur ſes fins, la ſuperſtition qui fait ſon profit de tout, tourna en miracle, ce qui n'étoit qu'un effet du haſard, & qu'enfin ce qui avoit été attribué fauſſement au Dieu de la Médecine, notre Hiſtorien pluſieurs ſiécles après l'a attribué, avec auſſi peu de raiſon, à la vertu de la Musique.

Mais pour un éxemple qui ne prouve rien, combien y en a-t-il d'autres ausquels on ne sauroit répliquer ? combien de guerisons qui sans pouvoir être mises sur le compte d'aucune divinité ni sur celui du hasard, sont raportées par des contemporains comme des effets ordinaires de l'harmonie ? Theophraste cité par Athénée (*a*) & par Aulu-Gelle (*b*), assure que de son tems les Thébains avoient coutume de guérir la sciatique & l'épilepsie par le son d'une flute. Je puis ajouter que l'on se servoit encore de la Musique pour guérir la surdité, le poison, la fiévre, la rage. (*c*) . . .

O la grande puissance ! (*d*) interrompit Callimaque, en élevant sa voix comme s'il avoit voulu chanter.

Je devois m'attendre à cette plaisanterie, répartit Théagéne. Vous me permettrez cependant de vous dire que l'Opérateur de Moliére, à qui vous me faites l'honneur de me comparer, n'avoit pas d'aussi bons

(*a*) Athen. l. 4 c. 14.
(*b*) A-Gell. l. 4. c. 13.
(*c*) Ibidem.
(*d*) Moliére, dans l'Amour Médecin.

garans pour son mithridate que ceux que je puis citer en faveur de mon remède, Aristote, Capella, Apollonius & plusieurs autres, qui tous parlent du chant comme d'une recette dont on se servoit alors contre ces sortes de maladies : Et c'est sans doute de cette coutume qu'est venu le mot latin *præcinere*, qui veut dire enchanter les maux.

Ne voudriez-vous point, dit Callimaque, nous parler de ces Médécins qui jouoient de la flute sur la partie affligée ?

Moquez-vous-en tant qu'il vous plaira, répondit Théagéne : mais Galien Auteur grave en cette matiere, s'il en fut jamais parle sérieusement de cette derniere méthode qu'il appelle jouer de la flute sur la douleur *. Aristote raporte encore un usage bien singulier, & qui prouve autant qu'aucun autre combien grande étoit la vertu de la Musique, puisqu'elle pouvoit adoucir la rigueur des supplices. Les Tyrrheniens, dit-il, ne fouettoient jamais leurs Esclaves qu'au son des flutes, estimans qu'il étoit

* Plutarque au Traité de la Colére.

de l'humanité de donner quelque contre-poids à la douleur, & comptant par une semblable diversion de leur remettre une partie de la peine : à quoi l'on peut ajouter la coutume d'autre fois d'avoir toujours un joueur de flute dans les *Triremes* (a) ; non-seulement afin que les rameurs voguassent de concert, mais encore dans la vue de les délasser & de les soulager par la douceur du chant: ce qui a fait dire à Quintilien (b) que la Musique est un don que la Nature nous a fait pour nous aider à suporter nos travaux.

Certainement elle n'avoit ce pouvoir sur les douleurs & sur les maladies du corps que par l'entremise de l'ame, avec laquelle elle a une singuliére affinité. Elle ne devoit donc pas avoir moins de pouvoir sur l'ame même pour exciter ou pour calmer ses passions, comme on a dit, qu'elle a fait tant de fois.

Et je n'ai nulle peine à croire ce que Plutarque (c) raporte d'Antige-

(a) Pollux. l. 4. c. 8.
(b) L. 1. c. 10.
(c) Au Traité de la Fortune d'Alexandre.

nidas,

nidas, qui jouant ſur la flute un air de mouvement en préſence d'Aléxandre, échauffa tellement le courage de ce Prince, qu'il quitta la table pour courir à ſes armes.

Le Peintre Théon (*a*), qui n'ignoroit pas la vertu de cette Muſique guerriére, ſut bien s'en prévaloir. Car voulant expoſer un de ſes tableaux, où il avoit répréſenté un ſoldat prêt à fondre ſur l'ennemi, il prit la précaution de faire auparavant ſonner la charge par un joueur de flute; & ſi-tôt qu'il vit les ſpectateurs ſuffiſamment émûs par cette eſpéce de chant, il dévoila ſon tableau qui fut admiré de toute l'aſſemblée.

Chacun ſait que quand les Lacédémoniens (*b*) alloient au combat, un joueur de flute (*c*) entonnoit des chans doux pour tempérer leur courage, & de peur qu'une ardeur téméraire ne les emportât trop loin; car pour l'ordinaire ils avoient plûtôt beſoin d'être retenus que d'être excités (*d*). Cependant peu s'en fa-

(*a*) Elien au Liv. 2. de ſon Hiſt. diverſe c. 44.
(*b*) Thucydide cité dans Aulugelle l. 1. c. 11.
(*c*) Plut. Traité de la Colére.
(*d*) Patritius de la République l. 2. t. 2.

lut un jour dans un bataille qu'ils ne ſuccombaſſent ſous les Meſſéniens. Le célébre Tyrtée qui dans cette journée faiſoit les fonctions de joueur de flute, s'apperçut qu'ils plioient : il quitta auſſi-tôt le mode Lydien, & paſſant au Phrygien, ranima leur courage que le ton précédent avoit trop amoli, & ramena par ce moyen la victoire dans leur parti.

Au-contraire, quelques jeunes-gens entendent une Muſique dont les tons aigus & les meſures précipitées les rempliſſent de fureur, * ils veulent mettre le feu à la maiſon d'une Courtiſanne ; le Muſicien pour reparer le mal qu'il avoit fait, change de ton par le conſeil de Pythagore, & avec des chans plus lens & plus doux, rappelle peu à peu la tranquillité dans leur ame, & les remet dans le même état où ils étoient auparavant. On dit la même choſe du Muſicien Damon (*b*) dans une occaſion ſemblable. Que répondez-vous à cette foule d'exemples ?

(*a*) Quintilien l. 10. c. 10.
Patritius de la République l. 2. t. 2.
(*b*) Boéce, Traité de la Muſique l. 1. c. 1.

Qu'ils ſont faux ou exaggerés, répliqua Callimaque.

C'eſt le plus court, dit Théagéne : on pourroit cependant ſur des faits de même nature, vous oppoſer de telles autorités que vous n'en feriez pas quitte pour les rejetter.

L'Ecriture Sainte nous apprend que David avec ſa lyre chaſſa le malin eſprit, ou ſi vous le voulez la noire mélancholie dont Saül étoit tourmenté. Vous ſavez encore que les Prophetes avoient coutume d'entrer dans leurs ſaintes fureurs au ſon des inſtrumens. . . .

Et qui doute, interrompit Callimaque, que Dieu ne puiſſe quand il luiplaît donner une force ſurnaturelle à la Muſique ? Mais alors c'eſt un miracle dont vous ne ſauriez tirer aucun avantage.

Si ces faits, reprit Théagéne, étoient rapportez comme miraculeux, je n'aurois pas la mauvaiſe foi de m'en prévaloir contre vous : mais on n'a qu'à conſulter l'Hiſtorien ſacré * pour voir qu'il les raconte comme des faits naturels & ordinaires. Les ſerviteurs de Saül lui con-

* Au premier liv. des Rois c. 6.

ſeillent d'envoyer chercher quelque joueur d'inſtrumens pour adoucir ſon mal, & on lui améne David qui en effet le ſoulage : eſt-ce ainſi qu'on parle d'un remede ſurnaturel? Et le conſeil que des domeſtiques donnent à leur maître, ne ſuppoſe-t-il pas au-contraire que la Muſique étoit alors un ſpécifique connu & éprouvé contre les maladies qui ataquent l'eſprit? Eliſée conſulté ſur l'avenir par les Rois de Juda & d'Iſraël *, & ſe préparant à prophétiſer, demande ſelon la coutume qu'on lui améne un joueur d'inſtrumens : ce qui ſuppoſe encore que la Muſique étoit communément employée dans ces ſortes d'occaſions, comme le moyen le plus propre à exciter l'eſprit prophétique, par la proportion qui ſe trouve entre le chant & l'enthouſiaſme : car dans la production des effets ſurnaturels, tels que ſont les prophéties, Dieu ſe ſert ordinairement des cauſes naturelles qui ont le plus de rapport avec ces effets.

Mais, ſans me prévaloir du reſpect que l'on doit aux Livres ſaints,

* Au quatriéme des Rois c. 3.

je prétens que l'hiſtoire prophane dans la matiére dont il s'agit, a une autorité ſuffiſante par elle-même; puiſque, ſi l'on veut rejetter comme incroyables les événemens qu'elle raconte, il faudra ſuppoſer une choſe encore plus incroyable, qui eſt qu'une infinité d'hiſtoriens graves ſe ſont donné le mot pour tromper la poſtérité & la tromper ſans interêt.

Sans interêt! reprit Callimaque: y en a-t-il un plus grand pour un Hiſtorien que de flatter les hommes dans le foible qu'ils ont pour le merveilleux? La plûpart des Lecteurs ne ſe ſoucient guere qu'on les trompe pourvû qu'on leur plaiſe, & les Auteurs ſe ſoucient encore moins de dire vrai pourvû qu'ils ſoient lus: & de là toutes les impoſtures que les Auteurs les plus graves nous débitent ſi ſérieuſement. Enhardis par l'accueil qu'ils voyent faire aux narrations fabuleuſes; qu'un d'entre eux prenne ſur lui d'avancer quelque fait ſingulier & ſurprenant, il peut s'aſſûrer que ceux qui viendront après lui ne manqueront pas ſur ſa parole d'en orner leurs ouvrages. Voulez-vous que je vous en rapporte quelques éxemples qui ne ſeront pas étrangers à notre ſujet ?

Je ne ſais où Ariſtote (*a*) avoit pris que les chevaux des Sybarites aimoientpaſſionnément laMuſique. Quoi qu'il en ſoit, les Crotoniates (à ce qu'il dit) connoiſſans le foible de ces animaux, s'aviſérent un jour de combat de mener avec eux quantité de joueurs de flute. Au ſon de ces inſtrumens les chevaux des Sybarites ſe dreſſent ſur les piés de derriére comme pour danſer, jettent leurs maîtres à bas, & paſſent en cadence du côté des Crotoniates, qui par ce moyen eurent bon marché de leurs ennemis. C'eſt Ariſtote, comme je l'ai dit, qui raconte cette belle hiſtoire. Il n'en faut pas davantage, Pline & Athénée (*b*) l'adoptent ſans ſcrupule, en dépit de la vrai-ſemblance.

(*a*) Ariſtote avoit fait une ample Collection des Loix, Coutumes & Police de differens Etats : De ce nombre étoit la République des Sybarites ; & c'eſt du Traité où Ariſtote en parloit, qu'Athénée c. 4 du 12. liv. a extrait la ſingularité dont on parle ici.

(*b*) Plin. l. 8. c. 42.

Varron, le docte Varron *, assûre que dans un marais de Lydie il y a des Iles flottantes, qui au son de la flute se rangent en cercle, & vont ensuite se réunir au rivage. Ne vous attendez pas que Pline, Capella & plusieurs autres se donnent la peine d'éxaminer si ce fait est vrai ou possible, avant que de lui donner une place honorable dans leurs livres ; il est merveilleux & garanti par Varron, cela leur suffit : de sorte que ce qu'on appelle la *foi historique*, n'est fondé que sur plusieurs témoignages qui pour l'ordinaire se réduisent à un seul, lequel est lui-même souvent sujet à caution.

J'approuve, dit alors Théagéne, que dans la lecture des histoires on soit en garde contre les effets du penchant dont vous parlez : mais la défiance sur cela pourroit être portée si loin, qu'elle ne seroit pas moins une source d'erreurs que la crédulité. Combien de choses traitées de fables dans Hérodote, dont on a depuis reconnu la vérité ? Et que seroit-ce s'il faloit rejetter un fait historique, par la seule raison

* C'est vers la fin du 3. l. *de re rustica*.

que nous ne voyons rien arriver de ſemblable ? Suppoſons par éxemple que vous n'ayez jamais entendu parler de Guerre, de trompettes, de tambours, & qu'on vint vous diré que l'on inſpire du courage aux hommes en ſoufflant avec force dans un long tube d'airain, & en frapant à coups redoublés ſur une peau bien tendue, que le bruit qui ſort de là fait ſur la plûpart des combattans ce que le deſir de la gloire ou la crainte de l'infamie ne ſauroit faire: qu'on nous donne un hommequi n'ait jamais vude chaſſe, & qu'on vienne lui dire que la voix ſerrée & conduite dans un tuyau recourbé, inſpire de l'ardeur aux chaſſeurs, aux chiens, & tire leur ame de leur aſſiette ordinaire: ſuppoſons enfin (pour ne point ſortir des éxemples qui ont raport à la matiere préſente) que vous ne ſuſſiez ce que c'eſt que la Tarentule, & qu'il vous tombât entre les mains quelque *Voyage* d'Italie où vous luſſiez que dans le Royaume de Naples il y a une eſpéce d'inſecte dont le pique transporte les hommes d'une telle manie, qu'ils ſautent malgré qu'ils qu'ils en ayent jusqu'à ce qu'on leur ait chanté de certains airs, qui sont le seul reméde contre ces mouvemens involontaires ; vous ne seriez pas moins en droit de vous inscrire contre ces verités, que contre les faits que vous niez.

Je croirois donc qu'il y auroit une régle à observer sur les faits historiques, pour n'être dupe ni de sa défiance ni de sa crédulité : ce seroit, quand des Auteurs ont donné d'ailleurs des preuves de leur sagesse & de leur discernement, & qu'ils rendent témoignage de quelque événement arrivé de leur tems, ce seroit, dis-je, de croire ce qu'ils en raportent, sur tout lorsqu'ils en parlent comme d'un fait connu & ordinaire ; car alors on seroit inexcusable de n'y pas ajouter foi, à-moins qu'ils ne soient démentis par des Contemporains, ou qu'on puisse prouver l'impossibilité de ce qu'ils avancent.

Et me croyez-vous fort embarassé, dit alors Callimaque, à vous faire voir qu'il est impossible, non seulement que leur Musique eût autant de vertu qu'on lui en attribue, mais même qu'elle fût auſſi agréable & auſſi touchante que l'eſt la nôtre ? C'eſt par où il auroit falu commencer, en jugeant de la Muſique ancienne par elle-même, & ne pas éxaminer ſi les effets qu'on lui attribue ſont véritables avant que de ſavoir s'ils ſont poſſibles. Malheureuſement pour vos Anciens nous avons des bas-reliefs & des médailles où leurs inſtrumens ſont repréſentés ſous des formes qui certainement ne nous en donnent pas des idées fort avantageuſes, non-plus que les deſcriptions qui nous en reſtent dans quelques-uns de leurs Auteurs, quelque talent qu'ils ayent d'embellir les moindres choſes.

Premiérement, quant à leur Lyre, on nous apprend qu'elle commença par trois chordes *, encore n'étoient elles d'abord que de lin. Linus fut le premier qui trouva le ſecret de tirer des ſons des entrailles des animaux. Cette invention, à ce qu'on dit, lui fit tant d'honeur qu'Apollon le tua par un mouvement de jalouſie ſemblable à celui qu'avoit

* Scholies manuſcrites d'Euſtathe ſur Homére, p. 1061.

conçu Juppiter contre Prométhée pour avoir dérobé le feu du Ciel. On ajoute encore à sa gloire que les Muses le pleurérent, & qu'elles regrettoient tous les ans sur son tombeau les divins accens de sa Lyre. Dieu sait cependant ce que ce pouvoit être qu'un instrument qui n'avoit que trois chordes. Dans la suite on y en ajouta une quatriéme, & la raison qu'on en aporte est curieuse; ce fut, disent vos Anciens, à cause des quatre Elémens, lesquels en se faisant une guerre continuelle forment cet accord merveilleux qui entretient la paix de l'univers, & où la terre, ajoutent-ils, tient lieu de *basse*, le feu de *dessus*, l'air & l'eau des deux autres tons moyens. Enfin on fixa les chordes de la Lyre au nombe de sept, à l'honneur des sept planettes : & pour vous montrer que je ne ris pas, la premiére étoit consacrée à Saturne, la derniére à la Lune, celle du milieu au Soleil, & ainsi des autres; & en vertu de cette consécration elles faisoient toutes ensemble un concert qui imitoit l'harmonie des sphéres célestes; harmonie que nous n'entendons pas à la vérité, parce que nous y sommes accoutumés, ou plutôt parce que nous sommes trop grossiers, mais qui ne laisse pas, comme on nous en assûre, de faire les délices des pures intelligences.

En effet, ajouta-t-il, le moyen de ne se pas rendre au raisonnement que font là-dessus vos Anciens (*a*)? Quelle apparence que des corps solides d'une grandeur inégale, mais proportionnés dans leurs inégalités, que des sphéres dont les surfaces concaves & convéxes sont si polies, quelle apparence, dis-je, que venant à se frotter les unes contre les autres, & tournant toutes ensemble dans un espace vuide, elles ne produisent pas cette parfaite mélodie dont je viens de parler, & au son de laquelle les étoiles errantes marquent des cadences si justes & se meuvent d'un pas si réglé & si rapide?

On crut donc avoir atteint la perfection de la Lyre, quand on eut trouvé le nombre des chordes qui répondoit aux sept planetes (*b*) : &

(*a*) Pythagore.
(*b*) Philostrate liv. I. de ses Tableaux.

c'eſt même pour cela qu'Amphion qui bâtit Thébes au ſon de cet inſtrument, n'eut garde de donner plus de ſept portes à la Ville.

Pendant que Callimaque ſe complaiſoit ainſi dans ſon ironie, j'avois les yeux attachés ſur Théagéne pour voir s'il ſe laiſſeroit encore longtems inſulter ſans ſe défendre : mais il étoit aiſé de juger à ſon air tranquille que ſa patience venoit pluſtôt de confiance que de foibleſſe, & ſans marquer aucun empreſſement d'interrompre Callimaque, il le laiſſa pourſuivre de cette ſorte.

J'avoue, continua-t-il, que ces idées ſont nobles & magnifiques, mais elles ne ſauroient donner à un inſtrument plus d'harmonie qu'il n'en a par lui-même. Des chordes auront beau être dediées à Saturne & à d'autres divinités ; dès qu'elles ſont en ſi petit nombre, elles ne ſauroient produire d'harmonie quand elles n'ont qu'un pié de longueur, & qu'elles ſont frapées à vuide. Or que la Lyre n'eût qu'un pié de longueur, on en peut juger par ſa proportion avec les ſtatues d'Apollon ou d'Orphée, auprès deſquelles on la place ordinairement; & qu'on ne la touchât qu'à vuide, la ſeule inſpection de la ſtructure ſuffit pour le prouver.

Alors voulant nous en convaincre par nos propres yeux, & nous montrer en même tems les additions qu'on avoit faites à la Lyre, ainſi qu'il venoit de nous l'expliquer, Callimaque traça ſur un papier la figure de trois médailles, qui ſe voyent entre pluſieurs autres dans le cabinet de l'Electeur de Brandebourg, & qui repréſentent chacune une Lyre, dont la premiere avoit trois chordes, la ſeconde quatre, & la troiſiéme ſept. Ces médailles portent le nom de trois différens Peuples, des Lilybéens en Sicile, des Lapithes en Theſſalie, & des Chalcédoniens en Bithynie : mais il m'en coûtera moins de vous les copier ici que de vous en faire la deſcription. *

Vous voyez premiérement, pourſuivit Callimaque, que la plus composée de ces trois Lyres & qui promet le plus de variété, ne ſauroit fournir une ſeule *octave*, puiſ-

* Voyez la planche 1.

Pl. I. *P. 30*

qu'elle n'a que ſept chordes. Vous me direz peut-être que notre violon en a encore moins, & qu'elles ſont même plus courtes. J'en conviens : mais il y a un *manche* qui ſert à faire des cadences, des *touches* moyennant leſquelles on tire différens ſons d'une même chorde, un *chevalet* qui les éléve inégalement afin qu'on puiſſe les toucher avec un *archet* qui ſert à lier & à ſoutenir les ſons. Or rien de tout cela dans la Lyre, ni manche, ni touches, ni archet, & par conſéquent. Direz-vous que leur *Plectrum* étoit un archet ? Nullement : car outre que la ſtructure de la Lyre y répugne (puiſque ſes chordes n'ont aucune élévation, & qu'elles paroiſſent excédées par le bois qui les environne) c'eſt qu'il eſt conſtant que l'on jouoit quelquesfois de la Lyre avec les doigts, témoin le nom Λυχανος (Leontium me pardonnera ce mot grec) témoin, dis-je, ce nom qu'on donnoit à la troiſiéme chorde, parce qu'on la touchoit avec le doigt que l'on appelle ainſi, & qui eſt le premier après le pouce : car les plus habiles ſe piquoient de jouer avec les mains (*a*) ſeulement, ſans ſe ſervir du plectrum. Or vous m'avouerez qu'un inſtrument dont on peut jouer avec les mains n'eſt pas de ceux où l'on peut ſe ſervir de l'archet. Qu'étoit-ce donc que ce plectrum dont on ſe ſervoit communément? Un petit bâton pointu & crochu par les deux bouts, avec lequel on couroit moins de riſque de prendre une chorde pour l'autre qu'en les touchant avec les doigts, tel que vous l'allez voir ici, ajouta-t-il, en nous montrant les figures ſuivantes (*b*).

Car c'eſt de ces deux maniéres, continua Callimaque, qu'on le voit repréſenté entre les mains d'Apollon & d'Orphée dans quelques anciennes ſtatues qui ſont en Italie. Pollux (*c*) nous confirme encore que le plectrum avoit cette forme & nullement celle de l'archet, lorſqu'il nous dit que le Pentachorde eſt une invention des Scythes, & qu'ils ſe ſervent d'une machoire de chevre en guiſe du plectrum. Il eſt

(*a*) Virgil. En. l. 6. Athén. l. 4.
(*b*) Voyez la planche II.
(*c*) Liv. 4. c. 9. nomb. 2.

Pl. 11.
P. 32.

donc certain que l'on jouoit de la Lyre à vuide & des deux côtés à-peu-près comme nous jouons de la harpe : il ne faut pour s'en aſſurer qu'avoir recours aux bas-reliefs. Or je vous prie de me dire ce que ce ſeroit qu'une harpe qui n'auroit qu'un pié de haut & ſept chordes ſeulement. Propoſez à notre Muſicien de jouer d'un inſtrument conſtruit ſur ce modéle, pour voir ce qu'il vous dira : fût-ce Apollon lui-même, je ſuis ſûr qu'il n'en ſauroit rien faire de ſuportable.

Venons maintenant à leur flute, dont Marſias *, dit-on, fut l'inventeur. On raconte qu'Apollon ne lui fit pas plus de grace qu'à Linus. Cette jalouſie toute fabuleuſe qu'elle eſt, ne laiſſeroit pas d'être propre à nous en impoſer, ſi nous ne connoiſſions pas d'ailleurs l'inſtrument qui en fut l'occaſion : mais nous ſavons qu'il n'étoit percé qu'en quatre endroits ; la pluſpart des monumens antiques en font foi. Outre cela, la flute dont on ne jouoit que d'une main, ne pouvoit pas avoir un plus grand nombre d'ouvertures. Or il

* Diodore liv. 3. de ſa Bibliot.

eſt impoſſible qu'avec ſi peu d'étendue elle produiſit des eflets auſſi agréables & autant de tons différens qu'en produiſent les nôtres. En ſorte que, ſi Théagéne n'étoit point ici, je dirois que l'objet de la jalouſie d'Apollon n'avoit rien de plus recommandable que la flute du tambour de baſque qui n'a en effet que quatre trous.

Si je n'étois point ici, répliqua Théagéne, vous diriez le contraire de ce que vous dites : on vous verroit défendre avec chaleur tout ce que vous attaquez ; & avec d'autant plus de ſuccès que ce ſeroit de meilleure foi. Au lieu de vous égayer comme vous avez fait ſur les ſphéres céleſtes, & de triompher ſur des raports que des Muſiciens aſtronomes & amoureux de l'allégorie ont pouſſés trop loin, vous auriez dit tout-au-plus ſur cette matiére que les ſept chordes ayant été trouvées & le mérite de la Lyre étant établi, l'antiquité, accoûtumée à mettre chaque choſe ſous la protection de quelque Divinité, imagina peut-être la conſécration dont quelques Auteurs ont parlé depuis ; & dans laquelle conformément à leur génie & aux principes d'une fausse Astronomie, ils ont trouvé des allusions ausquelles les inventeurs de la Lyre n'ont jamais songé. Il vous eût été d'autant plus facile de juger qu'en effet ni les quatre élemens ni les sept planettes ne leur sont jamais venus dans l'esprit, que l'Antiquité elle-même varie sur l'origine des sept chordes, & que parmi ceux qui en ont parlé, il y en a (comme le Poéte * Callimaque) qui prétend que ce fut Apollon qui les imagina sur ce que les Cignes avoient chanté sept fois pendant que Latone étoit dans les douleurs de l'enfantement. variété qui prouve qu'on ne sauroit faire de fond sur ce qu'ils disent, & que les uns & les autres avec leurs raports & leurs allégories n'ont fait que chercher du mystére où il n'y en eut jamais.

Voila, dis-je, les réfléxions que vous auriez faites, si vous n'aviez mieux aimé vous divertir aujourd'hui aux dépens de la vérité que de prendre son parti. C'est donc à moi à me charger d'une cause

* Dans l'Hymne sur Delos.

dont vous ne voulez point, & à vous répondre les mêmes choses que vous ne manqueriez pas de dire à ma place, supposé toutesfois que vous soyez assés malheureux pour vous être opiniâtré comme j'ai fait sur une matiére aussi difficile & aussi ennuyeuse. Car je vous avoue que le dégoût que laisse après soi la lecture de je ne sais combien d'Auteurs * qui ont traité séchement & en purs Mathématiciens de la valeur & de la distance des sons; ce dégoût, dis-je, est tel, que peu s'en faut que je ne vous fasse le même compliment que fit ce Musicien au pére d'Aléxandre : *Dieu vous préserve, Seigneur, d'en savoir là-dessus autant que moi.* Mais comme Leontium s'allarme peut-être desja du détail dont je vous menace, je me bornerai à un petit nombre de remarques.

Je vois d'abord que ne trouvant pas votre compte à juger de la Mu-

* Tels qu'Euclyde, Aristoxéne, Aristide, Quintilien, Alypius, Nicomaque, le vieu Bacchius, Gaudentius, Boéce, Ptolomée, Porphyre, Manuelis Briennius, & plusieurs autres dont on peut voir les noms dans Meibomius & dans Wallis.

Plut. Apophthegm.

ſique ancienne par ſes effets, vous avez prudemment commencé par les mettre à l'écart, comme s'il étoit permis de compter pour rien tout ce qu'on en dit : mais je veux bien renoncer pour un moment aux avantages que je ſuis en droit de tirer de l'autorité de l'hiſtoire, pour conſidérer avec vous cette Muſique en elle-même; parce que toute ignorée qu'elle eſt aujourd'hui, le peu de connoiſſance qui nous en reſte, ſoit par les bas-reliefs, ſoit par les Auteurs qui ont traité de l'Harmonique, & par quelques autres encore, ce peu de connoiſſance ſuffit pour vous prouver deux vérités;

L'une, que les Anciens nous égaloient en inſtrumens de Muſique.

L'autre, qu'ils nous ſurpaſſoient, premiérement dans l'expreſſion, ſecondement dans la délicateſſe, troiſiémement dans la variété, & enfin dans l'habitude & dans l'exercice du chant.

Pour ne me point écarter de l'ordre que vous avez ſuivi, je commencerai par les inſtrumens. Je parlerai d'abord des *chromatiques*, c'eſt à dire des inſtrumens à chordes, &

ensuite de ceux qui étoient à vent ou des *pneumatiques*.

Je dis donc que la Lyre n'a pas toujours eu aussi peu de chordes que vous le prétendez, quoique dans cette simplicité elle fût desja fort vantée : mais c'étoit la coutume des Anciens d'honorer les premiéres productions des arts par des éloges extraordinaires, souvent même par des récits fabuleux, tels que celui de la jalousie d'Apollon contre Linus & contre Marsias. En effet à ne regarder que l'esprit de ceux qui inventent, il ne sauroit être trop admiré ; & il y a infiniment plus de gloire à faire ces sortes de découvertes qu'à les perfectionner : mais à considérer les arts en eux-mêmes, comme nous le faisons ici, il est certain qu'ils n'ont jamais été plus grossiers ni plus défectueux que dans leur origine. Quand on veut donc juger s'ils sont dignes d'estime ou non , il faut les envisager par raport au dernier progrès qu'ils ont fait : mais vous vous êtes bien gardé d'en user ainsi, & il ne tient pas à vous que nous ne croyionsque les sept chordes sont le dernier accroiſſement que la Lyre ait reçu ; comme ſi c'étoit une vérité conſtante, parce que la pluſpart des ouvrages de ſculpture & les médailles n'en marquent pas un plus grand nombre. On ſait cependant qu'elle n'étoit pas fixée à cette quantité : mais je veux vous faire voir que dans le tems même qu'elle n'avoit que ces ſept chordes, elle ne laiſſoit pas d'être ſuſceptible de toutes les conſonances, & qu'elle contenoit les trois au-delà deſquelles il n'y en a point d'une nouvelle eſpéce; non ſeulement la *quarte* & la *quinte* dont vous convenez, mais encore l'*octave* que vous lui refuſez. Si cela eſt, comme je vais vous le faire voir, il ne lui manquoit donc aucune eſpéce de conſonance, puiſque toutes les autres ne ſont que des répétitions de ces trois là.

Pour vous donner une idée nette de ce que je veux vous dire, il faut obſerver que la derniére Lyre que vous nous avez montrée, & qu'on appelle la Lyre de Mercure ou d'Orphée n'étoit autre choſe que deux *tétrachordes* joints enſemble par une chorde commune qui étoit celle du milieu, laquelle servoit de quatriéme au premier tétrachorde & de premiére au second.

En parlant ainsi, Théagéne traçoit la figure suivante, qui est la Lyre de la troisiéme médaille, horsqu'il y avoit ajouté les noms que les Anciens donnoient à leurs chordes, & au-bas les notes modernes qui y répondent. *

Comme Théagéne finissoit cette figure, il pourra bien, dit-il, m'arriver de me servir de quelques termes de l'art, pour lesquels je demande grace à cause de la singularité de la matiére.

Pourquoi cette précaution? Reprit Callimaque : craignez-vous ici de n'être pas entendu, & avez-vous oublié que nous parlons devant un des plus grands Musiciens de nos jours?

Alors Leontium s'étant mise à soûrire, Théagéne nous montra ce qu'il venoit de tracer.

Vous voyez, nous dit-il, les deux tétrachordes conjoints dont je vous ai parlé, & qui suffisent desja pour faire la consonance que nous ap-

* Voyez la Planche III.

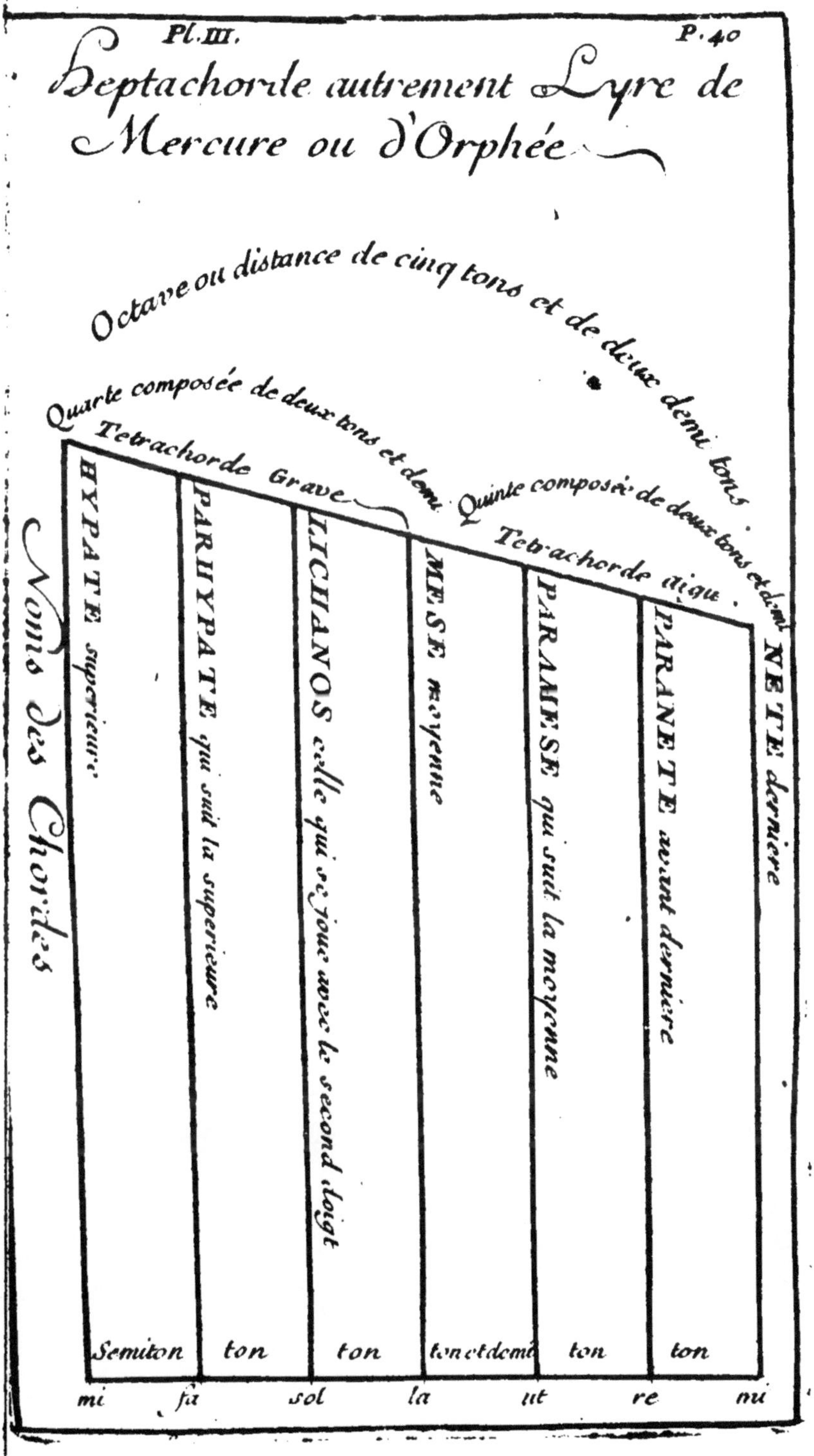

Heptachorde autrement Lyre de Mercure ou d'Orphée

Octave ou distance de cinq tons et de deux demi tons.

Quarte composée de deux tons et demi

Tetrachorde Grave

Quinte composée de deux tons et demi

Tetrachorde aigu.

Noms des Chordes

HYPATE superieure

PARHYPATE qui suit la superieure

LICHANOS celle qui se joue avec le second doigt

MESE moyenne

PARAMESE qui suit la moyenne

PARANETE avant derniere

NETE derniere

Semiton ton ton ton et demi ton ton

mi fa sol la ut re mi

pellons la quarte & la quinte. Toute la difficulté roule donc ſur l'octave, laquelle, dites vous, ſemble demander huit notes, aulieu qu'il n'y en a là que ſept. Je répons que par la diſtance d'un ton & demi, qui eſt la quatriéme chorde & la cinquiéme, la ſeptiéme devient une répétition de la premiere; & cela ſuffit, puiſqu'entre ces deux extrémités ſe trouve en effet la diſtance de cinq tons & de deux demi-tons en quoi conſiſte l'octave.

Il ne faut donc pas s'étonner que cette Lyre ſe ſoit pendant quelque tems maintenue en crédit malgré un ſi petit nombre de chordes, puiſqu'outre l'adreſſe de ceux qui en jouoient & qui ſuppléoient par leur art à ſa ſimplicité, il n'y avoit aucune eſpéce de conſonance ni aucun ton entier qui ne s'y trouvât, ainſi que je viens de vous le prouver.

Mais voici le lieu de montrer qu'elle ne s'en tint pas long-tems à ce nombre de chordes. Pour la rendre encore plus complette, Pythagore en imagina une huitiéme d'un demi-ton, laquelle inſérée dans le ſecond tétrachorde, recula la moyenne & ſépara les deux tétrachordes d'un intervalle. Par cette addition la quinte eut cinq chordes, aulieu qu'elle n'en avoit que quatre dans la Lyre d'Orphée ; & de cette conſonance, appellée *diapente*, jointe par une chorde commune à la quarte, appellée *diateſſaron*, ſe forma l'octave complette à laquelle on donna le nom de *diapaſon* ; parce que c'eſt le plus parfait de tous les accords comme contenant les deux autres dans toute leur étendue.

Pythagore *, dit-on, fut redevable de cette découverte à la ſcience des nombres : mais ce qu'il avoit trouvé par une pure ſpéculation, lui fut encore confirmé par une expérience que le hazard lui fournit. Comme il paſſoit un jour devant la boutique d'un forgeron, il enten-

* Macrobe chap. 1. du liv. 2. de ſon Commentaire ſur le *Songe de Scipion*, Iamblique dans la vie de Pythagore, Boéce, &c. ont parlé de la Muſique inventée par Pythagore à l'occaſion dont il s'agit ici. Voyez à ce ſujet la deſcription que M. de Thou (p. 110 du 58. liv. de ſon hiſtoire) fait du plaiſir qu'eut Henri III. à ſon retour de Pologne ; lorſqu'étant à l'Arſenal de Veniſe il ouit quatre Forgerons battans un caſque ſur une enclume, avec la cadence la plus juſte que la Muſique puiſſe marquer.

dit quatre marteaux qui frappans ſur une enclume rendoient des ſons différens & formoient les trois conſonances dont nous venons de parler. Il eut la curioſité de s'en approcher, & d'attacher enſuite ces marteaux au bout de quatre chordes égales qu'il ſuſpendit à une perche, & qui étant frapés rendirent les mêmes ſons qu'il venoit d'entendre ſur l'enclume. Alors il peſa ces marteaux, & trouva que le plus petit étoit de ſix livres, celui d'après de huit, le troiſiéme de neuf, & le plus gros de douze, qui ſont les mêmes proportions qu'il avoit desja jugé devoir être entre les trois conſonances, & d'où il avoit conclu que l'octave étoit composée de douze demi-tons; ce qui lui donna l'idée d'ajouter une chorde d'un demi-ton à la Lyre pour en rendre l'harmonie plus parfaite.

On n'en demeura pas encore à cette addition : de ſon vivant même on en fit d'autres plus conſidérables, au grand préjudice des mœurs.

Si l'on excepte les Lacédémoniens & les Argiens, qui n'admettans qu'une Muſique ſévére & conforme à leur discipline demeurérent toujours fidéles à la Lyre d'Orphée ou à celle de Pythagore (jusqu'à n'y vouloir pas recevoir le moindre changement) hors, dis-je, ces deux Peuples, tout le reste de la Gréce, qui brûloit pour les plaisirs & sur-tout pour l'harmonie, se piqua d'enchérir sur Pythagore, les uns de deux chordes, les autres de trois, de sept, & de dix ; ensorte qu'il put voir la Lyre augmentée jusqu'à cinq tétrachordes.

Mais comme Callimaque m'a attaqué par des médailles, ne dois-je pas aussi me défendre avec des armes à-peu-près semblables, & prouver comme lui ce que j'avance par des monumens anciens, qui joinrs à ceux qu'il nous a montrés, serviront encore à nous faire voir d'un coup d'œil les différens progrès de la Lyre depuis sa naissance.

Théagéne reprit alors du papier ; & comme il traçoit desja des lignes: Qui croiroit, dit Leontium, que nous sommes occupés sérieusement à l'heure qu'il est à faire l'histoire de la Lyre par les médailles ? N'importe, continua-t-elle, cette occupation en vaut bien une autre, N'eſt-on pas trop heureux de pouvoir oublier les nouvelles publiques, qui depuis un tems n'ont rien qui n'attriſte, & où cependant l'on retombe à tout propos malgré qu'on en ait.

Ce ne ſeront pas des médailles, répondit Théagéne en continuant ſon ouvrage, mais des plans de différentes Lyres, leſquels n'auront pas moins d'autorité, puiſqu'ils ſont tirés des anciens traités (*a*) de l'harmonique. Je me contenterai de mettre ſous vos yeux deux de ces plans : l'un vous repréſentera la Lyre de Pythagore que je viens de vous expliquer, & la plus ſimple après l'*Heptachorde*, & l'autre le *Polychorde* le plus compoſé qu'on ait vu du tems de ce Philoſophe, pour ne point parler des autres augmentations qu'on a faites dans la ſuite, témoin l'*Epigonium* inventé par Epigonus (*b*) & qui avoit quarante chordes.

Puiſque vous ſavez tant de choſes, lui dit Leontium, peut-on vous de-

(*a*) De Ptolomée, de Porphyre, &c.
(*b*) Athén. l. 4. & 14.

mander ſans interrompre votre travail, ſi les Anciens avoient l'art de peindre les ſons & de chanter aux yeux, ou, pour m'exprimer ſans énigme, ſi l'on ſavoit déja de leur tems noter les airs de Muſique?

Sans doute, répliqua Théagéne, à telles enſeignes que cet art s'appelloit *paraſemantique* ou *ſemeïotique** & que Pythagore en fut l'inventeur. Il ne nous reſte malheureuſement aucun de leurs airs notés, mais nous avons encore leurs notes; car, outre les noms des chordes qui étoient trop longs, chaque ſon étoit encore diſtingué par des charactéres ou des marques abrégées.

Et comme Leontium lui eut demandé ſi c'étoient les mêmes figures & les mêmes monoſyllables dont on ſe ſert aujourd'hui:

Non, répondit Théagéne, c'étoient des lettres de l'alphabet grec, ou entiéres, ou coupées par la moitié, ou couchées, ou renverſées, les unes pour la voix, & les autres pour les inſtrumens: & comme elles étoient en grand nombre & toutes différentes, on les mettoit ſur

* Boéce, dans ſon Traité de la Muſique.

une ligne paralléle aux paroles ; au-lieu que les notes dont on se sert aujourd'hui ayans toutes la même figure, on est obligé de les distinguer par leur différente situation dans l'échelle.

On se servoit encore de ces anciens charactéres du tems de Boéce, qui vivoit au commencement du sixiéme siécle : mais l'usage s'en est perdu depuis ; peut-être parce que durant la barbarie , qui commença environ ce tems-là , la Musique a souffert une assés longue éclipse aussi-bien que le reste des beaux arts. Il est certain dumoins que nous la voyons reparoître avec un attirail tout nouveau de termes & de méthode vers le milieu du onziéme siécle, qu'un certain Abbé, nommé Gui d'Arezzo *, inventa la gamme ou l'échelle appellée de son nom Guidonniéne, dans laquelle il employa pour notes des figures quarrées , & leur donna les noms des monosyllabes qui commencent les six premiers demi-vers de l'hymne de S. Jean , *ut* queant laxis *re*sonare

* Vossius, en son traité des Mathématiques c. 22.

fibris, *mi*ra gestorum *fa*muli tuorum *sol*ve polluti *la*bii reatum &c. les préférant aux anciens charactéres. Et comme le G. des Grecs (gamma) répondoit alors à celle de nos clefs que nous appellons clef de *G-resol*, de là est venu le mot *Gamma-ut* & ensuite celui de *Gamme*, parce qu'il mit dans son échelle cette lettre vis-à-vis de la premiére note *ut*.

Puisque nous avons les notes grecques, j'ai en tête, dit Leontium, que Théagéne ne *solfie* jamais qu'en grec.

Pourquoi non? reprit Callimaque : n'a-t-on pas dit d'un Savant * du siécle passé qu'il ne pouvoit se résoudre à prier Dieu en latin, parce que le langage des priéres de l'Eglise lui paroissoit trop barbare?

En tous cas, répondit Théagéne, ma mauvaise voix & mon ignorance me mettront toujours à couvert de l'un ou de l'autre de ces ridicules. Mais puisque Leontium trouve si bien le moyen de se divertir de ceux qui l'ennuyent, je n'en

* Jean de la Casa Archevêque de Benevent, mort en 1559. Balzac dans la 22. lettre du liv. 5.

serai

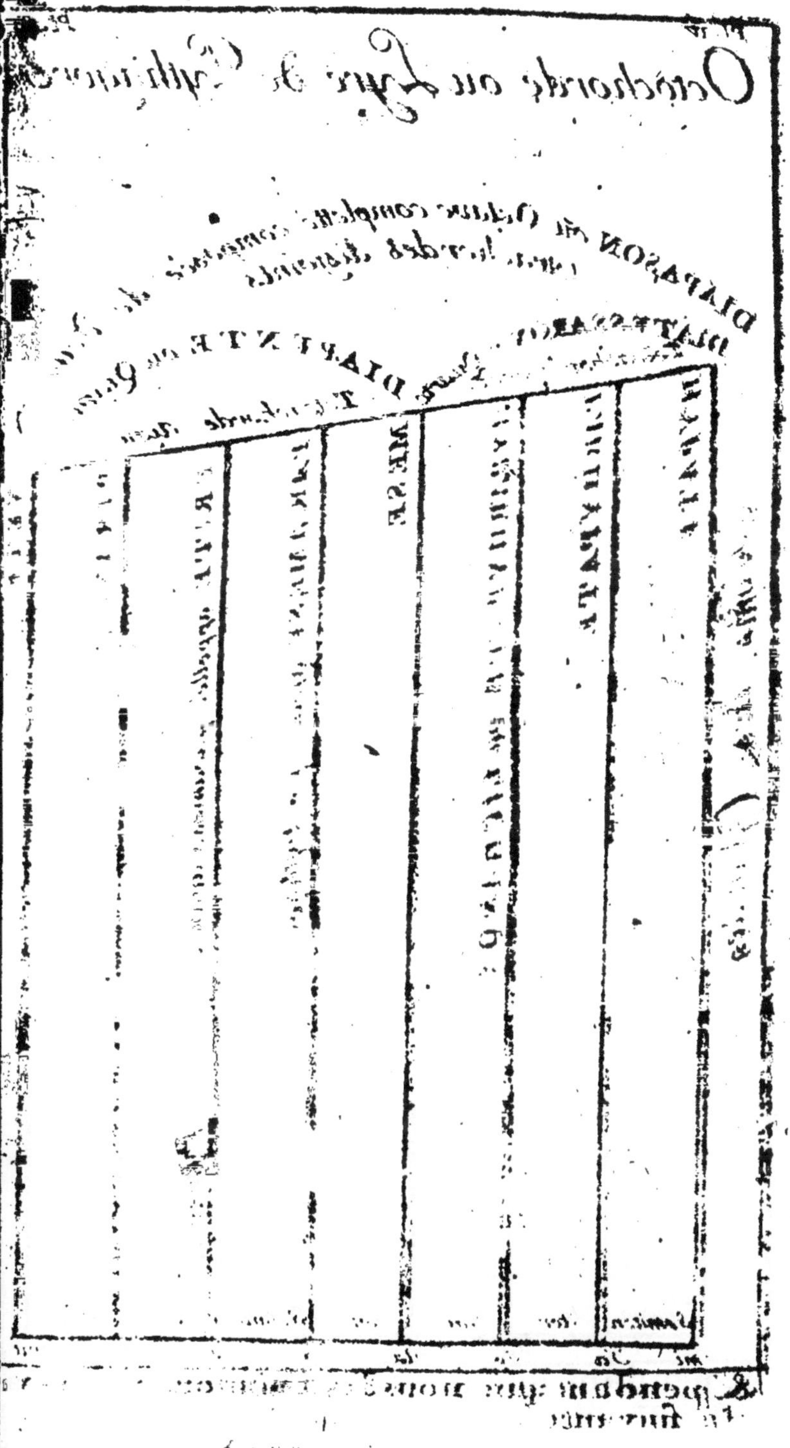

Octochorde ou Lyre de Pythagore

DIAPASON ou Octave complette composée ... 8 sons ...

DIATESSARON

DIAPENTE ou Quinte

MESE

PARYPATE

HYPATE

TRITE

NETE

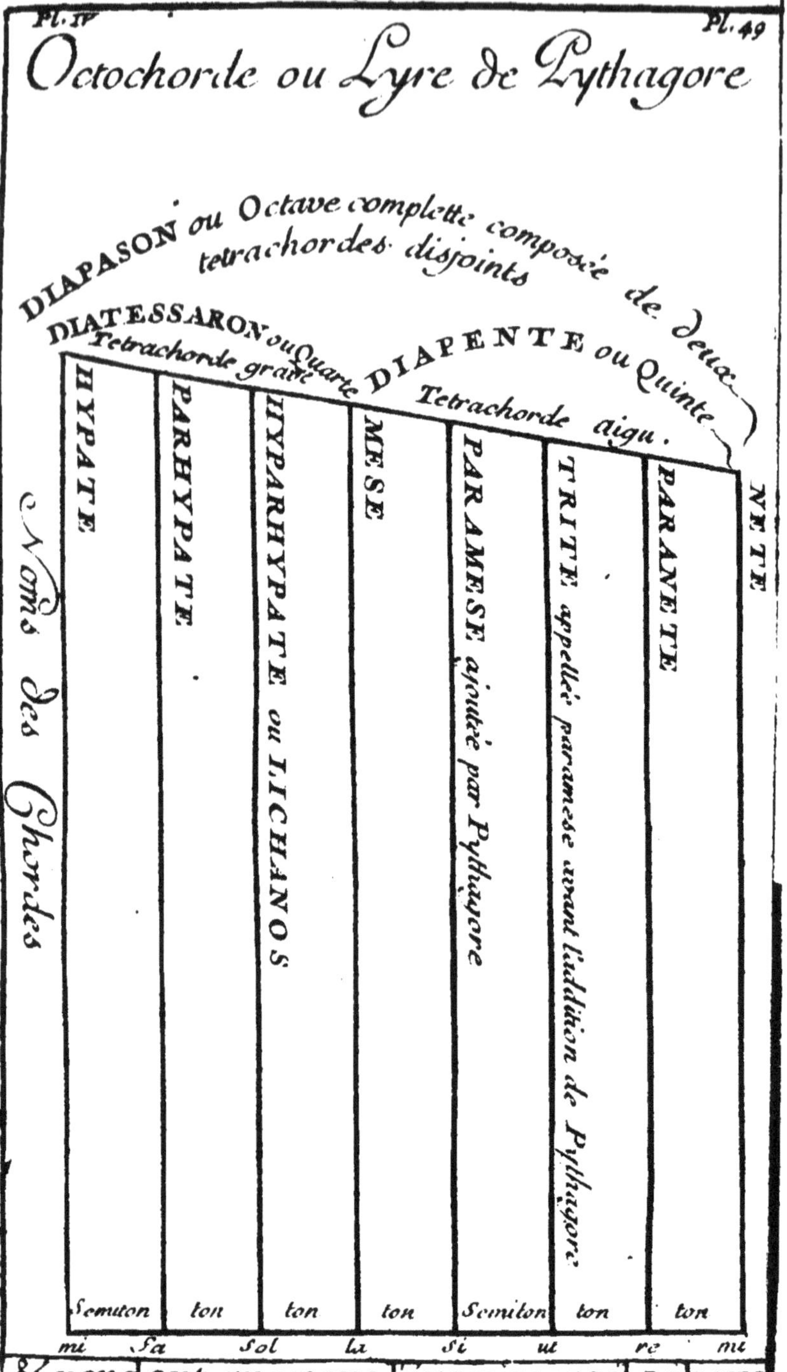

Octochorde ou Lyre de Pythagore

DIAPASON ou Octave complette composée de deux tetrachordes disjoints

DIATESSARON ou Quarte Tetrachorde grave

DIAPENTE ou Quinte Tetrachorde aigu.

Noms des Chordes

HYPATE

PARHYPATE

HYPARHYPATE ou LICHANOS

MESE

PARAMESE ajoutée par Pythagore

TRITE appellée paramese avant l'addition de Pythagore

PARANETE

NETE

Semiton ton ton ton Semiton ton ton

mi fa sol la si ut re mi

& pendant que nous l'examinions, il acheva la suivante.

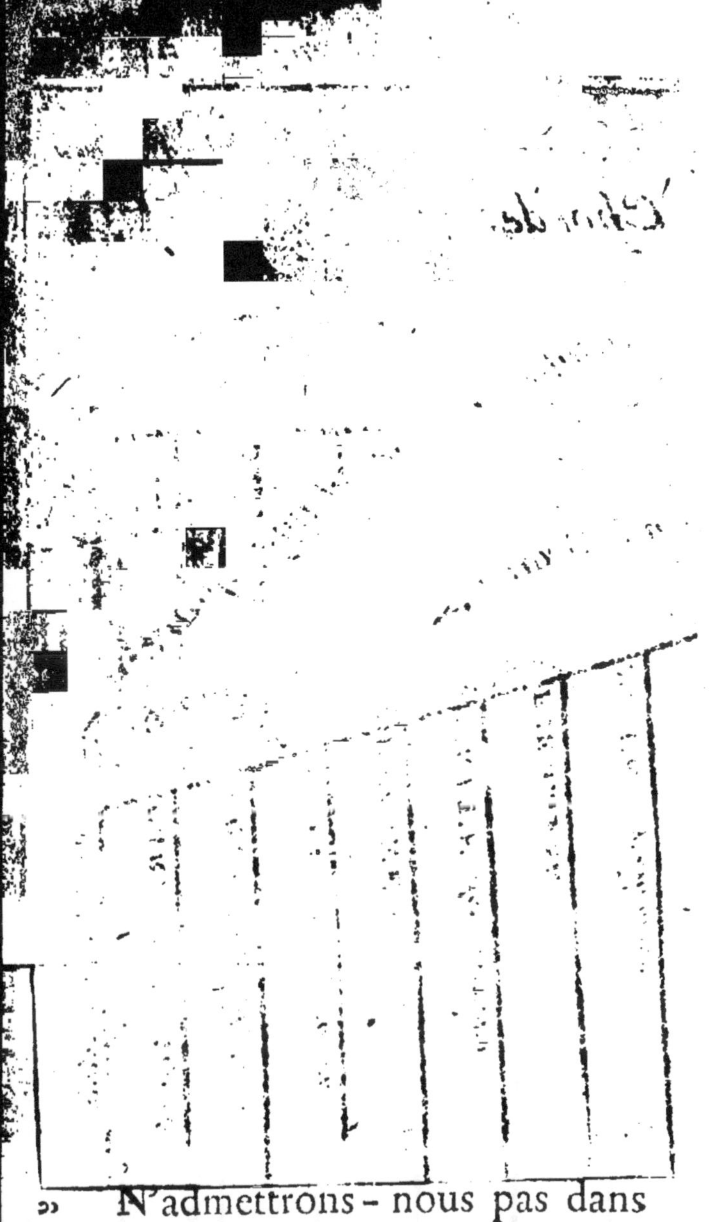

» N'admettrons-nous pas dans
» notre Muſique ces inſtrumens
» qui ont tant de chordes & dont
» on peut tirer tant de conſonances?

(a) Voyez la planche IV.
(b) Athen. l. 24.

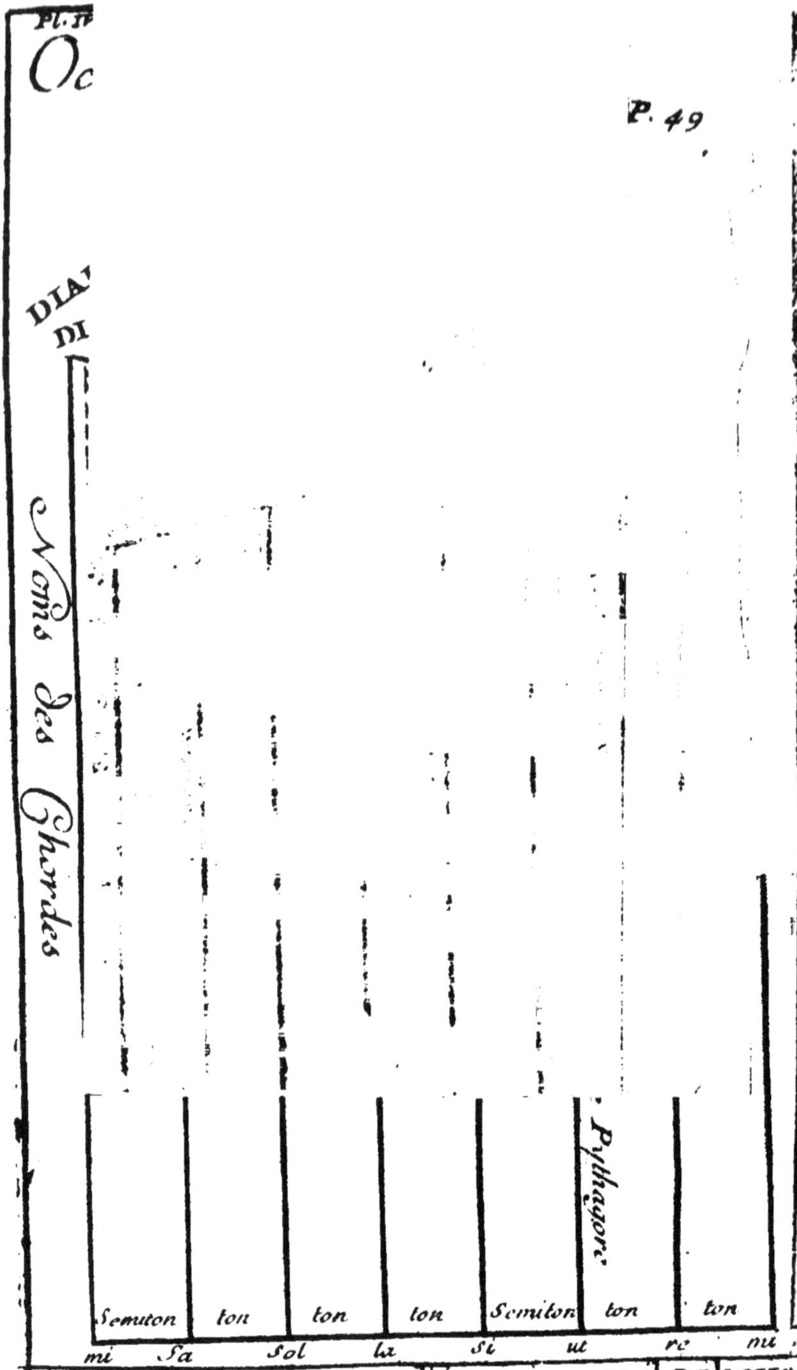

Pl. II

Oc

P. 49

DIA

DI

Noms des Chordes

Pythagore

Semiton	ton	ton	ton	Semiton	ton	ton

mi fa sol la si ut re mi

& pendant que nous l'examinions, il acheva la suivante.

ſerai que moins ſcrupuleux à l'ennuyer.

En diſant ces paroles, il nous montra cette premiére figure qu'il nous avoit expliquée en parlant de la Lyre de Pythagore. (*a*)

Que vous ſemble de ce polychorde dont on ſe ſervoit déja du tems d'Anacréon contemporain de Pythagore (*b*) ? continua Théagéne en le montrant à Callimaque: eſt-il encore trop ſimple à votre gré ? Si cela eſt, vous êtes plus difficile que Platon qui ne le trouve que trop composé & trop capable de plaire par ſa variété, & qui le condamne enfin par la ſeule raiſon que la douceur effeminée qui réſulte d'un ſi grand nombre d'harmonies différentes, ne ſert qu'à amollir les eſprits. Voici, autant que je m'en ſouviens, comme il en parle dans ſon troiſiéme livre de la République.

» N'admettrons-nous pas dans
» notre Muſique ces inſtrumens
» qui ont tant de chordes & dont
» on peut tirer tant de conſonances?

(*a*) Voyez la planche IV.
(*b*) Athen. l. 24.

Polychorde de 18 Chordes

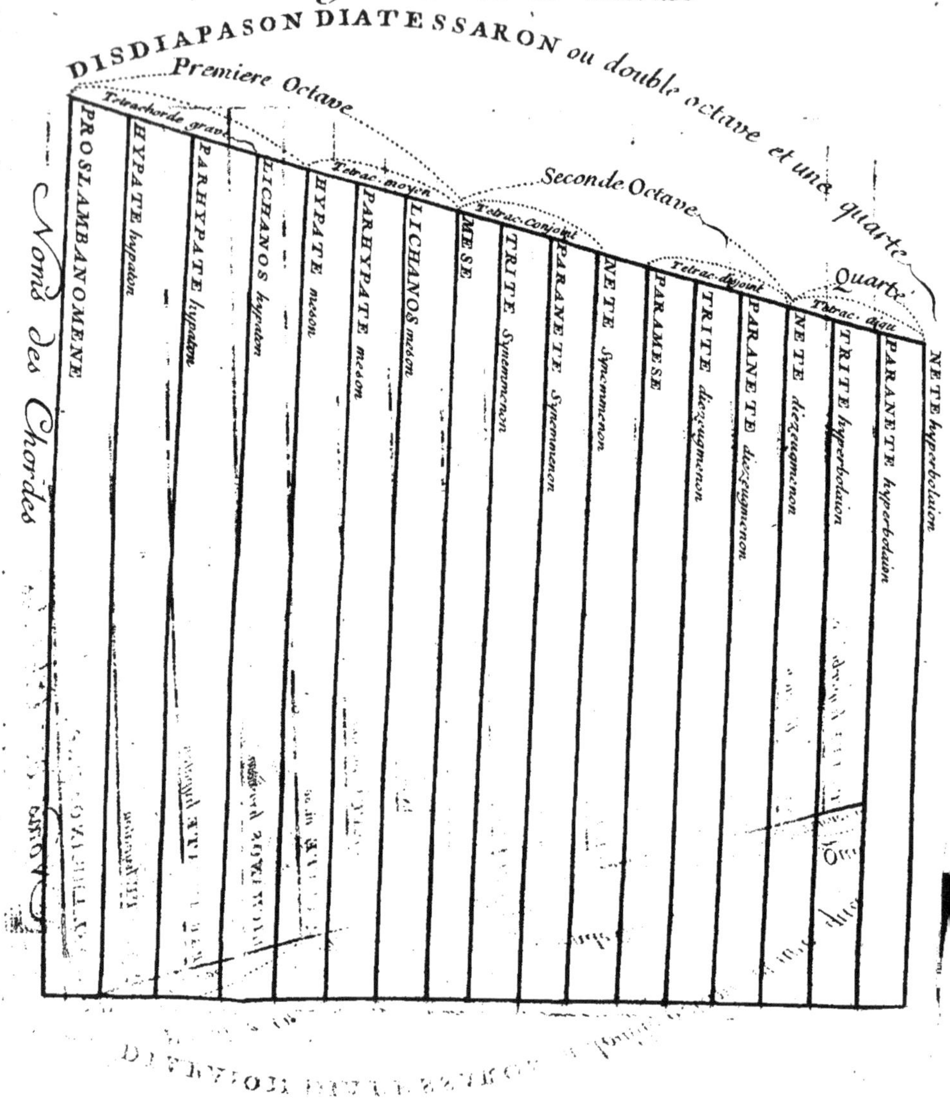

DISDIAPASON DIATESSARON ou double octave et une quarte

Premiere Octave

Tetrachorde grave

Tetrac. moyen

Seconde Octave

Tetrac. Conjoint

Tetrac. disjoint

Quarte

Tetrac. aigu

Noms des Chordes

PROSLAMBANOMENE

HYPATE hypaton

PARHYPATE hypaton

LICHANOS hypaton

HYPATE meson

PARHYPATE meson

LICHANOS meson

MESE

TRITE Synemmenon

PARANETE Synemmenon

NETE Synemmenon

PARAMESE

TRITE diezeugmenon

PARANETE diezeugmenon

NETE diezeugmenon

TRITE hyperbolaion

PARANETE hyperbolaion

NETE hyperbolaion

» *Non, si l'on m'en croit*; répond Socrate. Notre ville se doit donc » garder de nourrir les faiseurs de » tels instrumens ? *Il me le semble.* » Mais que dirons-nous des joueurs » & des faiseurs de flutes ? Il faudra donc les bannir par la même » raison, puisque les instrumens à » plusieurs chordes ne sont autre » chose que l'imitation de la flute ? » *C'est mon avis.* Desorte que nous » ne retiendrons que la Lyre ancienne, & laisserons la flute aux » habitans de la campagne ? *Rien » n'est plus raisonnable*, répond Socrate, *puisqu'aussi-bien on doit préférer les instrumens d'Apollon à ceux » de Marsias.* Admirez, je vous prie, » ajoute-t-il, comme insensiblement nous purgeons notre ville de » toutes les délices qui pourroient » la corrompre !

La multiplicité des chordes étoit donc en usage, puisque Platon la défend comme dangereuse, poursuivit Théagéne : & en effet il en faloit beaucoup pour mettre le polychorde à portée d'être comparé à la flute, pour suppléer aux ténues & aux ports de voix de celle-ci, en un mot, pour imiter ſa douceur.

Mais comme vous ſeriez en droit de me dire que la multiplicité des chordes ne ſuffit pas pour égaler les Anciens à nous, à moins qu'on ne faſſe voir outre cela dans leurs inſtrumens une forme auſſi propre à l'harmonie que celle qu'on voit dans les nôtres, il faut vous montrer par d'anciens bas-reliefs, qu'ils connoiſſoient auſſi l'uſage du manche pour les cadences & celui des touches pour multiplier la différence des ſons, & qu'ils n'étoient pas non-plus ſi groſſiers qu'ils ne ſuſſent placer leurs chordes ſur un bois creux pour les rendre plus ſonores. L'on voit, dis-je, des bas-reliefs dans l'hopital de S. Jean de Latran, dans le palais Farnèze & ailleurs, où des Muſiciens ont les mains placées ſur des eſpéces de Luths ou de Théorbes: mais comme pour vous copier ici ces bas-reliefs, il faudroit ſavoir deſſiner mieux que je ne fais, qu'il vous ſuffiſe de jetter les yeux ſur ce monochorde, tel qu'on le voit dans Ptolomée *, & dont la forme ne demande pas un plus habi-

* Traité de l'harmonique l. 2. c. 12.

le deſſinateur que moi. Vous y verrez un manche, des touches & une boſſe, ajoûta-t-il, en nous montrant la figure ſuivante qu'il eut bien-tôt achevée. (*a*)

Qui ſait donc (n'en déplaiſe aux Peintres & aux Sculpteurs) pourſuivit Théagéne, ſi l'on a toujours touché la Lyre à vuide, comme Callimaque l'a avancé ſur la figure qu'ils lui donnent d'ordinaire, & ſi en ſe perfectionnant elle n'a point aquis une forme à-peu-près ſemblable à celle que nous voyons ici ? A la vérité ils la repréſentent preſque toujours ſans manche & ſans boſſe, telle qu'elle étoit du tems d'Orphée ; ne voulans pas s'écarter d'un modéle que l'Antiquité a conſacré, & qui leur paroît peut-être plus pittoreſque qu'aucun autre, car c'eſt ſouvent ce qui décide parmi eux : mais cela ne prouve pas qu'elle n'ait point changé de forme depuis ce héros, de même que l'épithéte d'*Eptatone* que lui donnent tous les Poétes juſque à Horace * (ſuivant

(*a*) Voyez la planche VI.

* Euripide dans l'Alceſte, vers 147. Pindare dans ſes Nemeſiaques, ode 5. dans ſes Pytiques, ode 2.

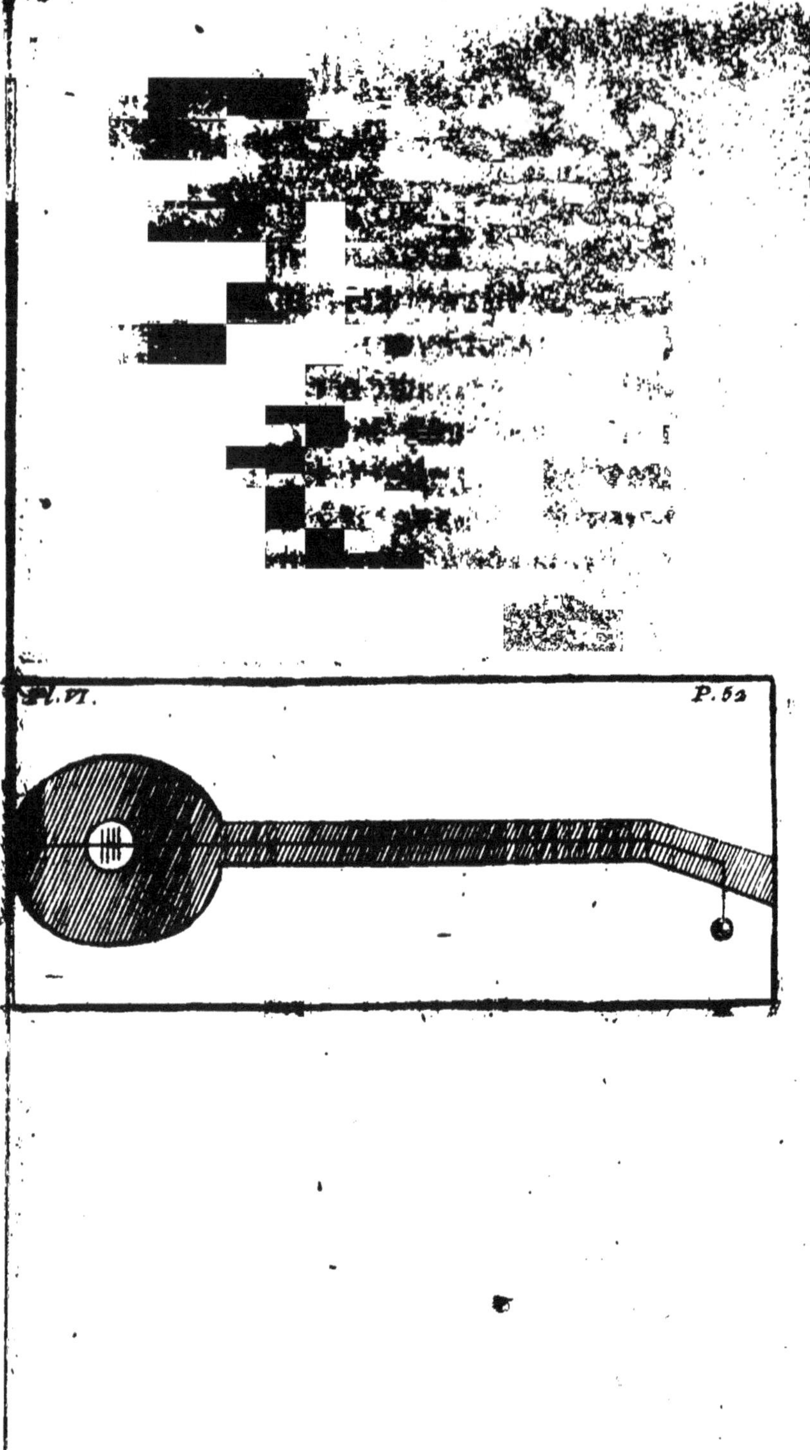
Pl. VI.
P. 52

leur coutume de ſe copier les uns les autres) n'empêche pas que plusieurs ſiécles auparavant on n'ait ajouté, comme nous venons de le voir, beaucoup de chordes aux ſept anciennes.

Je pencherois donc à croire que pour rendre la Lyre plus ſonore on s'aviſa bien-tôt de placer ſes chordes ſur une boſſe concave, qui renvoyant les ſons leur donnoit & plus de continuité & plus de force : & ce qui me le perſuade, c'eſt que Mercure paſſe dans Homére* pour l'inventeur de ce qu'on appelle la *tortue* auſſi-bien que de la Lyre ; d'où l'on peut ce ſemble conclure que celle-ci n'eſt guére plus ancienne que l'autre. En effet les Poétes les confondent quelquesfois toutes deux : enſorte que Lyre & Tortue ſont pour eux des ſynonymes. Il ſe pourroit cependant fort bien faire que ce fuſſent ſeulement des termes génériques, qui compriſſent ſous eux comme eſpéces particuliéres la *Cythare*, le *Trigone*, la *Magadis*, le

* Dans l'hymne à Mercure, l'une de celles qui ſont imprimées à la ſuite de l'Iliade, quoiqu'elles ne ſoient point d'Homére.

Barbytus, la *Chelys*, & plusieurs autres instrumens à chordes dont nous ne connnissons que le nom.

J'espére donc qu'une forme si propre à l'harmonie jointe à la multiplicité de chordes, dont nous avons vû que la Lyre s'est enrichie par la suite des tems, pourra la reconcilier avec Callimaque, & le faire revenir de la mauvaise opinion que la pluspart des monumens anciens, & entre autres quelques médailles lui en avoient fait concevoir.

Mais quand la Lyre des Anciens n'auroit point eu de bosse, il suffit que cette forme se trouve dans quelques-uns de leurs instrumens pour prouver ce que j'ai avancé, qu'ils avoient tout ce que nous avons, une bosse, un manche, des touches, & des chordes placées sur un bois concave.

Vous ne parlez point de l'archet, interrompit Leontium : je me souviens cependant que Callimaque vous a fort insulté là-dessus : les Anciens auroient-ils en effet été privés de l'agrément infini des ténues dont nous lui sommes uniquement redevables ?

Non certainement, répondit Théagéne, ils connoissoient l'usage de l'archet aussi-bien que nous. A la vérité on ne le trouve dans les Auteurs que sous la dénomination de *plectrum* ou de *pecten* qui lui est commune avec les petits bâtons pointus que Callimaque nous a montrés ; ou bien, quand on veut l'en distinguer, on a recours à une épithéte, comme a fait Juvenal (*a*) qui lui a donné celle de *crêpu*, ce qui ne peut s'entendre que du crin qui est ajouté au petit bâton : mais qu'importe du nom quand on est sûr de la chose ?

Ils avoient le violon, comme il paroît par une médaille que Vigénére (*b*) raporte, où l'on en voit un de la forme du nôtre, c'est-à-dire avec quatre chordes & un chevalet qui les éleve inégalement, ce qui suppose nécessairement l'usage de l'archet : mais ce qui est de plus positif, c'est que dans une statue qui est à Rome Orphée est représenté tenant un archet de la main droite,

(*a*) Sat. 6. v. 380.

(*b*) Page 84. de l'Edition in-fol. 1637. des Tableaux de Philostrate commentés par Vigénére, on trouve une médaille de Néron où est représentée une espéce de violon.

& de la gauche une espéce de basse de viole.

J'avoue, & c'est ce qui vous a trompé, qu'il ne nous reste qu'un ou deux monumens de cette espéce, au-lieu que rien n'est si commun que d'en voir où le même Orphée joue de la Lyre avec les doigts ou avec un de vos petits bâtons; mais je vous en ai desja dit la raison, c'est que vos Peintres & vos Sculpteurs ont préféré cette derniére attitude à l'autre qui leur a paru avoir quelque chose de moins noble & de moins propre à plaire à la vue. Ne soyons donc point inquiets pour les Anciens sur les instrumens à chordes, ils en avoient de toutes les sortes, les uns à pincer, les autres à toucher, & en aussi grande quantité que nous.

Venons à présent à leurs flutes; & pour répondre à tout le mal que Callimaque en a dit, appliquons ici le raisonnement que nous lui avons desja opposé en parlant de la Lyre, que les arts n'ayant eu que de foibles commencemens, il y auroit de l'injustice à en juger sur le pié où ils étoient au sortir des mains de l'inventeur. A-la-bonne-heure que Marsias n'ait donné que quatre trous à la flute, & qu'elle ait été dans ces commencemens aussi simple qu'on la voit dans quelques bas-reliefs sur lesquels Callimaque s'est fondé : mais de supposer qu'elle ne s'est point perfectionnée depuis, c'est une mauvaise foi contre laquelle toute l'Antiquité réclamera. Horace* entre-autres nous assure que de simple qu'elle étoit, elle fut augmentée de plusieurs tons ; & cette augmentation est si certaine que tous les Poétes lui ont donné depuis l'épithéte de *multifora* (percée en plusieurs endroits) car au commencement elle ne pouvoit servir qu'à un mode : desorte que quand on en vouloit changer il faloit changer de flute. Mais on lui donna dans la suite assés d'étendue pour pouvoir fournir une aussi grande variété de sons que les instrumens à-chordes les plus composés, sans quoi Platon n'auroit pû comparer le polychorde à la flute, comme il

* Art Poétique.

Ovide Métamorphoses. l. 12. Seneque dans l'Agamemnon. Sidonius Apollinaris l. 1. Avienus. Apulée.

a fait dans le paſſage que nous avons cité.

A-la-vérité cette augmentation ne ſe doit entendre que du *Monaulos* ou flute unique (*a*), dont on jouoit comme on joue des nôtres avec les deux mains : car pour le *Zeugos* ou flutes conjointes, de chacune deſquelles on ne pouvoit jouer que d'une main, il eſt certain qu'elles n'ont jamais eu chacune plus de quatre trous, ainſi que Callimaque l'a remarqué. Mais il devoit ajouter que comme on jouoit de toutes les deux à-la-fois, elles avoient aumoins autant d'étendue que la nôtre; puiſque ſelon Varron (*b*), l'une (ſavoir la *gauche*) accompagnoit, tandis que la droite jouoit le ſujet. Cela ſeul devoit, ce me ſemble, leur ſauver la comparaiſon qu'on en a fait avec la flute du tambour de baſque.

On les appelloit droite & gauche, ſelon la main & le côté de la bouche dont on en jouoit : mais puiſque je ſuis en train de deſſiner,

(*a*) Pauſanias. p. 291.
Pollux l. 4. c. 9.
(*d*) Varron de la Républ. rom. l. 1. c. 1.

continua-t-il, voulez-vous que je vous fasse voir la différence de toutes ces flutes d'après quelques monumensa nciens ?

Nous l'en priâmes ; & tandis qu'il travailloit, ne seroit-ce pas, dit Callimaque, servir Théagéne à-souhait que de lui demander l'explication de ces flutes *égales & inégales* qui ont pensé faire tourner la tête à tant de Savans ?

Croyez-vous, répondit-il, sans discontinuer son travail, que je me pique de l'avoir meilleure qu'eux, & que je me sois opiniâtré à entendre ce que tant de grands hommes n'ont point entendu ? Je me suis contenté de retenir là-dessus ce qu'ils ont dit de plus vraisemblable dont je vous ferai part si vous le voulez.

Scaliger * prétend que quand on jouoit de la gauche & de la droite tout-à-la-fois cela s'appelloit *jouer avec les flutes égales*, & *avec les inégales* quand on ne jouoit que de la droite Mais je ne saurois comprendre qu'avec des flutes ainsi jointes & faites pour être embouchées tout-

* Livre 1. c. 20. de sa poétique.

à-la-fois on jouât de l'une sans jouer de l'autre : car ne voulant jouer que de l'une des deux, pourquoi ne pas prendre la flute unique qui se tient avec les deux mains, pluſtôt que de se gêner à tenir deux flutes, dont l'une en ce cas-là eſt inutile, & dont l'autre ne laiſſe de jeu qu'à une ſeule main ?

J'aimerois donc mieux dire avec Manuce * que les égales ſont celles dont la gauche & la droite ont autant de trous l'une que l'autre, & ne différent qu'en ce que la premiére rend des ſons graves, & la ſeconde des ſons aigus ; que les inégales au-contraire ſont celles dont la gauche a des tons graves & des tons aigus, aulieu que la droite n'en a que d'aigus. Cette explication a du-moins cet avantage, qu'elle ſuppoſe ce qu'il y a de plus vraiſemblable, ſavoir que toutes flutes conjointes, les inégales auſſi-bien que les égales, étoient compoſées d'une droite & d'une gauche, de l'une deſquelles on ne jouoit jamais ſans l'autre.

Manuce prétend encore que les

* Alde fils de Paul. Epit. 4. du livre 2.

égales étoient les mêmes que les *Sarranes*, & les inégales les mêmes que les *Phrygiennes*, parce que l'on observe que le mot sarranes ne se trouve jamais avec l'épithéte inégales, ni le mot phrygiennes (*a*) avec égales : ensorte que quand il est dit de certaines comédies de Térence (de l'*Andrienne* par exemple) qu'elle fut jouée avec les flutes égales, droites & gauches, & des *Adelphes* du même Poéte qu'elle fut jouée avec les sarranes, cela veut dire qu'elles furent jouées l'une & l'autre avec les flutes conjointes, dont la droite avoit autant de tons aigus que la gauche en avoit de graves. Mais dans le *Phormion* qui fut joué avec les inégales, il faut entendre avec les Phrygiennes ou flutes conjointes, dont la gauche avoit des tons graves & aigus, pendant que la droite n'en avoit que d'aigus.

Il y a une troisiéme explication que, par déférence pour la savante interpréte de Térence (*b*), je préfé-

(*a*) Servius sur ces mots de Virgile Bifor[illegible] dat tibia cantum, l'explique selon la nature des flutes phrygiennes.

(*b*) Madame Dacier.

rerois aux deux autres, si ce n'étoit la néceſſité où cette opinion me jetteroit de ſuppoſer, premiérement que le titre de l'Andrienne eſt corrompu, & en ſecond lieu qu'on ſe donnoit quelquesfois la peine de tenir deux flutes conjointes pour ne jouer que de l'une des deux, ce qui (n'en déplaiſe à Donat) ne me paroît nullement vraiſemblable. Comme l'explication dont il s'agit ſe trouve dans un ouvrage (*a*) qu'on relit ſans ceſſe, vous me diſpenſerez ſans doute de la raporter ici : & vous m'en diſpenſerez d'autant plus volontiers, que probablement vous n'êtes pas à vous répentir de m'avoir engagé dans une diſcuſſion auſſi abſtraitte. Il vaut donc mieux tâcher de vous délaſſer par des figures, ajouta-t-il, en nous montrant celles qui ſuivent. (*b*)

Je voudrois bien qu'on propoſât à nos plus grands Maîtres, pourſuivit Théagene, d'emboucher ainſi deux flutes à-la-fois : je ſuis ſûr qu'ils ne s'y expoſeroient pas.

Il n'y auroit pas de quoi s'en

(*a*) Le Térence de Madame Dacier.

(*b*) Voyez la planche VII.

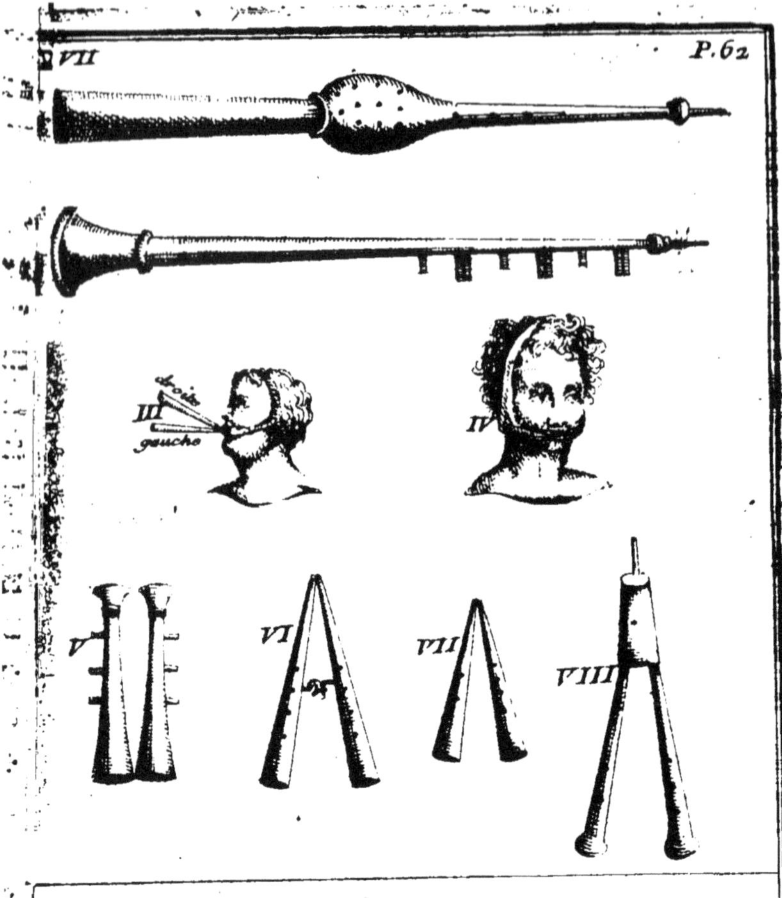

I. *Monaulos ou Flûte unique*

II. *Autre espece de Flûte unique*

III. *Zeugos ou Flûtes conjointes*

IV. *Bande ou courroye dont on serroit les joues pour se rendre maître de son haleine*

V. *Flûtes conjointes égales*

VI. *autre éspece de Flûtes conjointes égales*

VII. *Flûtes conjointes inégales*

VIII. *Autre espece de Flûtes conjointes inégales*

étonner, puiſqu'ils n'y ſont pas accoutumés, répondit Callimaque: & à quoi bon ſe brider ainſi le viſage pour rien? Eſt-ce que deux flutes embouchées par deux perſonnes différentes à la maniére ordinaire ne feroient pas autant ou plus d'effet?

Il faut croire cependant, répliqua Théagéne, qu'ils avoient leurs raiſons pour en uſer autrement: car quelle apparence qu'ils ſe fuſſent aſſujettis à un uſage auſſi incommode & auſſi difficile, ſur-tout ayans dans leurs chœurs des Muſiciens de reſte, s'ils n'avoient éprouvé que deux flutes jouées par différens hommes ne ſont jamais ſi bien d'accord que quand c'eſt un ſeul qui en joue? De même qu'un homme en chantant s'accompagne ſoi-même avec beaucoup plus de juſteſſe qu'un autre ne le pourroit faire. Mais outre cela, n'eſt-ce rien à votre avis qu'une flute qui s'accompagne elle-même, & que ne donneroient point nos Deſcoteaux & nos Philberts *, par éxemple, pour pouvoir jouer tout-ſeuls ſur leurs inſtru-

* Fameux joueurs d'inſtrumens.

mens deux parties à la fois?

Nous avons observé en général à-propos des instrumens à chordes qu'ils en avoient plusieurs dont nous ne connoissons que le nom: nous pouvons dire la même chose au sujet de leurs flutes. On les distinguoit non-seulement en *uniques* & en *conjointes*, comme nous venons de le voir, mais encore tantôt en *longues*, en *moyennes* & en *courtes*, tantôt en *droites* & en *courbes*. Les droites étoient l'*Aulos* des Grecs, ou la *Tibia* des Latins, la *Syrinx* de ceux-là ou la *flute* de ceux-ci, qui sont plusieurs tubes inégaux joints ensemble, le *plagiaulos* dont le son étoit aigu, & qui a peut-être donné le nom à notre flageolet, la *Gangre*, l'orgue ordinaire, l'orgue hydraulique, qui n'est autre chose que ce que nous appellons dans notre orgue le *chant du Rossignol*, où les bouillons agités par le vent imitent le ramage de cet oiseau; & combien outre cela d'autres espéces de flutes, dont nous ignorons la forme & l'usage?

Il resulte donc de ce que nous venons de dire, qu'en fait d'instrumensmens-à-vent ou à-chordes, non-ſeulement nous n'en avons aucun que nous ne leur devions, mais qu'ils en avoient peut-être encore dont nous n'avons pas hérité.

On peut mettre en ce rang ces vaſes d'airain dont Vitruve * nous fait la deſcription, par le moyen deſquels la voix des Acteurs retentiſſoit & ſe faiſoit entendre diſtinctement de tout le Peuple, quoique dans un théatre découvert & quatre ou cinq fois plus ſpacieux que les nôtres. Ces vaſes étoient au nombre de vingt-huit placés dans autant de petites cellules entre les rangs des Spectateurs & vis-à-vis des Acteurs, afin qu'il n'y eût pas un ton qui partant de la ſcéne ne rencontrât ſon vaſe à l'uniſſon, & ne fût renvoyé & augmenté par cette eſpéce d'écho. Ce ſeul éxemple devroit ſuffire pour faire voir juſqu'où ils ont porté l'intelligence des proportions muſicales, & en même-tems combien ils nous ſurpaſſoient, non-ſeulement en génie, mais en éxécution, puiſque dans des choſes auſſi eſſentielles à la commodité

* L. 5. c. 5.

publique nous ne ſaurions même imiter les inventions qu'ils nous ont tranſmiſes dans leurs écrits.

Il me ſemble que me voilà quitte & audelà de ce que je vous avois promis touchant leurs inſtrumens de Muſique. Il eſt tems à-préſent d'en venir à ce qu'il y a de plus eſſentiel dans notre diſpute, & de vous faire voir combien ils nous ſurpaſſoient dans la compoſition & dans l'éxécution du chant.

Premiérement du côté de l'expreſſion. . . . . .

Avant que d'aller plus loin, interrompit Leontium, ſouffrez que je vous faſſe encore quelques queſtions, & que je vous demande s'ils connoiſſoient la meſure.

Il n'en faut pas douter, repartit Théagéne: & c'eſt ce qui s'appelloit *rithme* *, lequel avoit un uſage encore plus étendu que notre meſure, puiſqu'il ſervoit à regler, non-ſeulement la viteſſe & la lenteur du chant & de la danſe, mais encore ce qu'on appelle le nombre dans les vers, dont chaque ſyllabe avoit ſa quantité marquée qu'on étoit obli-

* Plat. de la Répub. & des Loix.

gé d'obſerver, je veux dire, ſa longueur & ſa briéveté : & c'eſt de là qu'écrire en vers & chanter vouloit dire la même choſe.

Nous nous ſervons à leur éxemple de la même expreſſion dans nos Poéſies ; mais je ne ſais ſi nous ſommes en droit de le faire, nous qui dans chaque piéce employons indifféremment des longues & des bréves, & qui faiſons conſiſter toute la meſure dans un certain nombre de ſyllabes : enſorte qu'un vers nous paroît égal, ſoit qu'il ait douze ſyllabes bréves, ſoit qu'il en ait douze longues, aulieu que ſelon les régles & au jugement d'une oreille délicate deux bréves n'ont que la valeur d'une longue. Vous m'avouerez que cette négligence ne nous fait guére d'honneur. Il eſt vrai que nous avons tâché d'y ſuppléer par la rime, qui en effet tire ſon nom du rithme dont elle a pris la place : mais il s'en faut bien qu'elle contribue autant à l'harmonie que cette meſure obſervée ſi religieuſement par les Grecs & par les Latins ; qui marquans la cadence de chaque pié, la faiſoient ſentir dans toute l'étendue du vers.

Revenons à leur Musique, reprit alors Leontium. Puisqu'ils ont été si loin en fait d'harmonie, qui les empêchoit donc de jouer plusieurs parties à-la-fois, & d'où vient qu'il est établi qu'ils ignoroient entiérement les accords ?

Je ne sache, répondit Théagéne, que deux ennemis déclarés des Anciens qui ayent osé l'avancer. » Il » est constant, dit l'Auteur (*a*) du Paralléle par la bouche de son Abbé, » que la Musique des Anciens ne » consistoit que dans un seul chant, » & qu'elle n'a jamais connu ce que » c'est qu'une *basse*, qu'une *taille* & » qu'une *haute-contre*. Si vous en » doutez, vous n'avez qu'à lire le » traité que N. (*b*) de l'Académie » des Sciences a composé sur ce » sujet.

Un ton si décisif, continua Théagéne, auroit dû ce semble réveiller les Critiques : mais parce qu'apparament ils ont jugé qu'il importoit

(*a*) Perrault, Paralléle des Anciens & des Modernes.

(*b*) C'est apparament M. Sauveur, (Auteur du systême général des intervalles des sons) que Perrault a voulu désigner. Voyez les Mém. de l'Académie des Sciences, to. 3.

peu que le Public fût détrompé ſur une matiére auſſi indifférente, cette erreur de fait s'eſt établie faute de quelqu'un qui ſe ſoit voulu donner la peine de la combattre. Heureuſement il n'en eſt pas de même de quelques erreurs de goût répandues dans le même dialogue, & qui ont paru d'autant plus dignes d'être relevées, qu'elles attaquoient les deux Poétes de l'Antiquité les plus célébres, & communément les moins entendus, Homére & Pindare.

Il ſeroit à ſouhaiter que le redoutable défenſeur * qu'ils ont trouvé, & qui ne dédaigne aucune occaſion d'inſtruire ſon ſiécle après l'avoir illuſtré par tant de chef-d'œuvres, eût eu le loiſir de continuer ſes réfléxions contre un ouvrage qui malgré le mépris qu'en ont fait les Savans, n'a pas laiſſé d'impoſer au Public. Sous prétexte de venger Cicéron, Virgile & pluſieurs autres, comme il a desja vengé Homére & Pindare, il nous donneroit une Poétique & une Rhétorique compoſées des préceptes les plus ſûrs & des plus beaux éxemples tirés

* Deſpreaux.

pour la pluspart des mêmes endroits que ſon adverſaire a voulu décrier. En un mot nous y verrions le bon goût réduit en art : & alors ne faudroit-il pas benir l'Auteur qui auroit donné lieu à une ſi excellente réponſe ?

Vous pardonnerez, ſans doute, cette digreſſion au regret que laiſſent naturellement des Ouvrages de cette utilité, quand ils ne ſont pas achevés : mais pour revenir à notre ſujet ; s'il étoit queſtion de faire voir combien on a tort de décider que les Anciens ignoroient l'art d'accorder pluſieurs parties différentes, rien ne ſeroit plus aiſé.

Macrobe * parlant des ſymphonies en rapporte cinq eſpéces, dans leſquelles, dit-il, le grave eſt tellement d'accord avec l'aigu, que quoique differens ils vont fraper l'oreille comme s'ils ne formoient qu'un même ſon.

Ptolomée, ſi célébre par ſon ſyſtéme & l'un des anciens Auteurs qui ont traité de l'harmonique, faiſant la deſcription du monochor-

* Dans ſon Commentaire ſur le Songe de Scipion.

de * que je vous ai montré, loue cet inſtrument par rapport à la Muſique ſpéculative, comme étant très-propre par ſa ſimplicité à faire connoître la valeur & la diſtance des ſons : mais il le trouve très-ingrat & très-défectueux dans la pratique & dans l'éxécution ; car, dit-il, comme on ne peut le toucher que d'une main (parce que l'autre eſt occupée à faire courir le chevalet ſous la chorde) il arrive qu'on ne ſauroit en même-tems en tirer pluſieurs ſons éloignés, une ſeule main ne pouvant fraper deux endroits de la chorde tout-à-la-fois, deſorte, ajoute-t-il, qu'il n'y a ni conſonance ni accompagnement ni concours ni complication de tons, en quoi conſiſte tout l'artifice de la main.

Si des conſonances, des accompagnemens, des concours, des complications de tons ne ſont pas des accords, qu'on me diſe donc ce que c'eſt. Voila qui eſt bien, me direz-vous, pour les accords de pluſieurs ſons dans un même in[illegible]ment : mais à l'égard d[illegible]

* Dans l'un de ſes trois Livres de l'Harmonique.

continus, en accordoient-ils de différens ? Vous allez être satisfait.

Dans les flutes conjointes que je vous ai montrées, la droite & la gauche étoient des instrumens différens : cependant selon Varron, comme je vous l'ai dit, celle-ci accompagnoit l'autre ; c'étoient donc deux chants continus qui étoient différens. Mais voici qui est encore sans réplique : ne voyez-vous pas, dit Sénéque (*a*), de combien de voix le choeur est composé ? Il y a des basses, des dessus, des moyennes, des hommes, des femmes, & des flutes encore outre cela; cependant on ne démêle aucune de ces voix en particulier, parce qu'elles sont confondues les unes avec les autres, mais on les entend toutes.

Enfin Platon, prescrivant la maniére dont les enfans devoient être élevés dans sa République (*b*), ordonne entre autres choses de les appliquer à la Musique pendant trois ans. Mais il leur défend l'usage des différentes parties dans les accom-

(*a*) Epitre 84.
(*b*) Dans le Liv. 7. du Traité des Loix.

pagnemens ;

pagnemens, & veut qu'on ne joue jamais autre chose sur la Lyre que ce que la voix chante. La raison qu'il en aporte est que le mêlange du grave & de l'aigu, du dessus & de la basse, & la contrarieté des mouvemens, c'est-à-dire, des mesures peut embarasser l'esprit d'un jeune-homme qui n'a que trois ans à donner à la Musique.

On connoissoit donc du tems de Platon l'art d'accorder, non seulement plusieurs sons, mais encore plusieurs chants continus, quoique contraires entre eux, puisqu'il en défend l'usage aux enfans comme d'une chose qui leur rendroit l'étude de la Musique trop difficile.

L'Interpréte de Vitruve*, dit alors Callimaque, ne manqueroit pas de vous répondre que ce mêlange du dessus & de la basse, prouve tout au plus qu'ils montoient quelques fois la Lyre à la quinte ou à l'octave de la voix, ce qui ne peut pas proprement s'appeller un accord de différentes parties, puisque ce sont toujours des tons d'une même espéce.

Je sais bien, repartit Théagéne,

* Perrault, frére de l'Auteur du Paralléle.

que c'eſt l'unique ſorte de conſonance que ce partiſan des Modernes accorde aux Anciens, encore croit-il leur faire grace : mais vous m'avouerez qu'il n'aporte ſur cela aucune preuve, & qu'il faut même qu'il n'ait jamais fait d'attention au paſſage que je viens de citer. Car comment eſt-ce qu'un inſtrument monté ſimplement à l'octave pourroit rendre l'étude du chant ſi difficile ? Et d'ailleurs la contrariété des meſures dont Platon parle ici peut-elle ſe rencontrer autre part qu'entre des parties tout-à-fait différentes ?

Cela me paroît déciſif contre le partiſan des Modernes, dit Leontium.

Maintenant ſi vous voulez ſavoir, continua Théagéne, ce qui l'a induit en erreur, je vais vous l'expliquer en vous parlant de l'expreſſion.

Il eſt certain que dans la Muſique vocale les Anciens préféroient le chant ſimple au chant compoſé, & que, hors la Muſique inſtrumentale, ils n'employoient celui-ci que très-rarement. Pourquoi, demande

Ariſtote *, ſommes nous plus touchés d'une voix accompagnée d'une ſeule flute ou d'une ſeule Lyre, que ſi elle étoit accompagnée de pluſieurs? C'eſt, répond-il, que la quantité d'inſtrumens offuſque le chant & empêche qu'il ſoit diſtinctement entendu.

Il ſemble donc qu'on a été en droit de conclure de ce raiſonnement d'Ariſtote qu'ils banniſſoient auſſi la multiplicité des parties; puiſqu'elle n'eſt pas moins contraire à la netteté du chant, que le bruit qui réſulte de pluſieurs inſtrumens: mais il faloit ajouter que c'étoit par choix & par goût, & non par ignorance qu'ils la banniſſoient; puiſqu'ils ne s'en faiſoient pas une régle ſi générale, qu'ils ne s'en départiſſent en quelques occaſions en faveur de l'harmonie: ce qui arrivoit ſur tout dans la Muſique inſtrumentale (témoins leurs flutes conjointes) & même quelques fois dans la Muſique vocale, quand c'étoient pluſieurs perſonnes qui parloient à-la-fois, comme dans les

* Dans ſes Problêmes, ſect. 19.

Chœurs, ainſi que Sénéque le dit formellement.

Moyennant ces reſtrictions, qui ne ſont pas peu conſidérables, nous ſerions tous d'accord: car on doit convenir (& il s'en faut bien que par là on rabaiſſe le goût des Anciens) on doit, dis-je, convenir que ſongeans bien plus à l'expreſſion qu'à l'harmonie, & à exciter les paſſions qu'à chatouiller l'oreille, ils évitoient avec un ſoin infini tout ce qui peut apporter de la confuſion dans le chant des paroles, lequel en effet ne ſauroit être trop ſimple dès qu'on veut qu'il imite nos ſentimens, & qu'il paroiſſe dicté par la nature.

C'eſt à quoi nous manquons quand nous faiſons chanter par trois perſonnes des paroles qui ne ſe diſent qu'au nom d'une ſeule, ſans faire réfléxion combien il eſt peu naturel de donner à chaque ſyllabe que prononce un amant qui ſe plaint trois tons différens tout-à-la-fois, comme dans cette chanſon à trois parties.

Si c'eſt un mal dangereux que l'amour !
Hélas j'en veux perdre la vie,
Hélas j'en veux perdre le jour.

Certainement les Anciens auroient été peu touchés d'une harmonie si mal placée, & qui semble n'être faite que pour donner un démenti aux paroles.

Pour vous faire sentir encore mieux combien ils avoient à cœur l'expression, d'où vient à votre avis que les Poétes, non-seulement les Lyriques comme Pindare, mais les Tragiques comme Sophocle, composoient eux-mêmes la Musique de leurs vers, sinon parce que la Musique étant une seconde image des pensées & des sentimens, nul autre que le Poéte n'auroit pû entrer aussi-bien que lui dans son esprit, ni trouver des tons aussi convenables aux mouvemens qu'il vouloit exciter? De la même maniére qu'il est plus propre que personne à bien faire déclamer ses vers & à donner à l'Acteur le ton véritable & naturel des sentimens qu'il veut faire passer dans l'ame de ses Auditeurs : car au fond la Musique faite sur des paroles n'étoit autre chose (comme elle le devroit être encore) qu'une déclamation chargée & ornée par l'harmonie ; ensorte que les tons de l'une & de l'autre ne différent qu'en ce qu'ils ſont portés avec plus ou moins de force, & avec plus ou moins d'agrémens : or vous m'avouerez que ce n'eſt que par cette fidelité à imiter la déclamation, (comme la déclamation doit imiter le ſens des paroles) que le chant peut parvenir à toucher les paſſions.

Il eſt donc aiſé de comprendre que faiſant leur principale étude de l'expreſſion, ils y ayent tout autrement réuſſi que nous, qui la négligeons ſouvent pour le vain plaiſir des oreilles, & pour une mélodie qui ne dit rien à l'eſprit.

Mais un autre avantage dont il y a long-tems que j'ai envie de vous entretenir, c'eſt la délicateſſe de leur chant. Un ton nous paroît quelque choſe de ſi ſimple, qu'il ſemble d'abord qu'on ne le puiſſe tout-au-plus diviſer qu'en deux ; cependant ils le diviſoient en trois, & même en quatre : or nous ne ſaurions atteindre à ces deux derniéres diminutions.

Du conſentement de tout le monde ils avoient trois genres de Muſique, le *diatonique*, le *chromatique*, &

l'*énharmonique* : le diatonique, qui n'alloit que jusque à un demi-ton ; le chromatique, qui consistoit (ainsi que le nom le porte) à démêler plusieurs nuances entre deux tons qui se suivent, comme entre deux couleurs voisines, & qui en-effet démêloit trois différences dans chaque ton entier; & enfin l'énharmonique qui en démêloit jusque à quatre.

De ces trois genres, le chromatique s'est perdu il y a long-tems, faute de voix & de mains pour l'éxécuter; à plus-forte-raison l'énharmonique, qui demandoit encore une plus grande délicatesse dans l'organe : ensorte qu'il ne nous reste que le plus grossier, qui est le genre diatonique, où l'on ne connoît point de diminution au-delà du demi-ton, appellé à-cause de cela dièsé-diatonique, pour le distinguer des dièsé-chromatique & énharmoque, qui étoient des tiers & des quarts de tons. Ne conviendrez-vous pas que ce seul avantage devroit finir notre dispute, & décider en faveur de la Musique ancienne contre la nôtre ?

Que sera-ce donc si à la délicatesse

du chant vous ajoutez la variété ? Elle étoit telle, qu'au lieu que nous n'avons que deux modes (le *b-quarre* & le *b-mol*) ils en avoient jusque à quinze ? Le *lydien*, l'*ïonien*, le *phrygien*, le *dorien*, le *mixo-lydien*, le *lydien aigu* &c : & combien en-effet faloit-il qu'ils en eussent pour exprimer sur une Lyre, par éxemple, tant de choses différentes ? Car il est certain, comme vous l'allez voir, qu'ils faisoient dire à cet instrument tout ce que la parole peut exprimer.

J'ai dit que Platon bannit le polychorde de sa République, & n'admit que l'ancienne Lyre. Immédiatement avant le passage que j'ai ciré là-dessus *, il établit que le chant consiste en paroles, en musique, & en mesures ; que ces deux derniéres doivent suivre & obéir, parce qu'elles ne sont qu'une seconde expression ajoutée aux paroles ; qu'ainsi ayant banni toutes les paroles lugubres & plaintives, on doit aussi bannir les harmonies qui y répondent, telles que les modes mixolydien, le lydien aigu, & autres

* Au troisiéme livre de la Répub.

ſemblables, qui ſont indignes non-ſeulement d'un homme, mais d'une femme bien élevée; qu'ayant encore banni les paroles diſſolues & efféminées, on doit par la même raiſon rejetter les modes lydien & ïonien, & tous ceux que l'on employe dans les feſtins pour inſpirer la licence & la moleſſe : enſorte qu'il ne reſtoit plus que les modes dorien & phrygien, qui étoient auſſi les ſeuls qu'il permît, ce qui doit s'étendre à tous les autres modes mixtes qui participent de ces deux là. L'un, ajoute-t-il, ſervira pour exprimer la force, & l'autre, la tempérance; l'un, pour imiter le courage & l'intrépidité avec laquelle on affronte la mort, les dangers & les diſgraces, l'autre pour repréſenter la modération d'un homme qui ſe poſſéde dans la proſpérité,& les différentes diſpoſitions où l'on eſt, ſoit qu'on faſſe des priéres aux Dieux ou des demandes aux hommes, ſoit qu'on accorde ou qu'on refuſe, ſoit que l'on conſeille ou que l'on perſuade. Remarquez, je vous prie, combien de choſes différentes Platon donne à exprimer à une Lyre,

Si, par imiter les différentes dispositions de l'ame, répondit Callimaque, Platon entend en général faire des chants convenables au sujet que l'on traite, & éviter toute contradiction entre les airs & les paroles (ne pas appliquer par éxemple à un hymne, qui doit être grave, une musique molle & efféminée) à-la-bonne-heure : mais s'il prétend que le chant n'est pas moins varié que le discours, & qu'il peut être assés expressif pour donner tout seul à connoître nos sentimens, nos pensées & les moindres différences qui les distinguent, en vérité Platon se moque de nous, & son Musicien est aussi chimérique que sa République.

Traitez donc aussi, répliqua Théagêne, Cicéron de visionnaire (*a*) ; puisqu'il dit que ceux qui ont un grand usage de la Musique connoissent, dès que les flutes préludent, quelle est la piéce nouvelle que l'on va jouer, & disent sans s'y méprendre, c'est *Antiope*, ou *Andromaque*. (*b*)

(*a*) Au 4. livre des Questions Académ.

(*b*) La premiére de ces Tragédies est de Pacuvius : la seconde est d'Ennius.

Je ne traiterai point Cicéron de visionnaire, répartit Callimaque : mais il faut nécessairement l'expliquer, si l'on veut lui faire dire quelque chose de raisonnable. Dans l'Antiope, où l'Heroïne est une Amazone, les flutes préludoient apparament sur le mode dorien ; dans l'Andromaque, qui est un sujet triste, on préludoit sur le lydien-mixte : ces deux modes étant entiérement différens ; le premier, qui convenoit à une Heroïne guerriére, annonçoit, non-pas en particulier l'Antiope, mais quelque piéce semblable ; & le second faisoit aussi conjecturer qu'on alloit jouer quelque Tragédie du charactére de l'Andromaque : c'est tout ce qu'en général on pouvoit connoître par ces sortes de préludes, & je veux croire pour l'honeur de Cicéron que c'est aussi ce qu'il a voulu dire.

Vous ne prenez pas garde, interrompit Théagéne, que le discernement dont parle Cicéron suppose une grande connoissance de la Musique, & que celui dont vous parlez est si peu de chose que tout le monde en seroit capable.

Tant-pis pour Cicéron, répondit Callimaque, s'il m'ôte le moyen de lui ſauver une abſurdité : car, de dire que le chant pris ſéparément puiſſe aſſés charactériſer une Tragédie pour la diſtinguer d'une autre qui ſera d'une eſpéce ſemblable, pour faire dire à-point-nommé c'eſt Antiope & non Taleſtris (*a*), c'eſt Andromaque & non Polixéne, de prétendre (comme Platon ſemble le dire) qu'avec une Lyre on puiſſe ſi bien repréſenter les ſentimens & les penſées que l'Auditeur ſoit à-portée de les deviner & de les diſtinguer, en un mot qu'un Muſicien chante une demande ou une priére, qu'il peigne par les ſeuls ſons de la Muſique un conſentement ou un refus, un conſeil ou une perſuaſion, c'eſt quelque choſe à-peu-près d'auſſi raiſonable que le portrait des idées de Platon tiré au naturel, dont Panurge (*b*) ſi je ne me trompe fit emplette à la foire de *nulle-part* : &

(*a*) Il n'y a point eu de Tragédies latines intitulées ſoit Taleſtris ſoit Polixéne. On a ſeulement voulu déſigner des ſujets à-peu-près ſemblables à ceux de l'Antiope ou de l'Andromaque.

(*b*) Ce n'eſt point Panurge, c'eſt Epiſtemon. Rabelais l. 4. c. 2.

je ne voudrois pas même jurer que par cette plaiſanterie, où l'on a cherché tout ce qu'il y a de plus impoſſible à repréſenter par des couleurs, on n'ait pas voulu ſe moquer de ce que ce même Philoſophe veut qu'on repréſente par de ſimples ſons.

Je crois, ſans lui manquer de reſpect, dit alors Leontium, que tout ce qu'on peut dire en ſa faveur eſt qu'à-force de vouloir chercher une Muſique parfaite, il nous a donné l'idée d'une Muſique qui ne ſe trouve point parmi les hommes. Et en effet s'il a été obligé, comme je l'entends dire, d'aller chercher des citoyens dans le Ciel pour peupler ſa République, il ne lui en aura pas coûté davantage d'y prendre tout-d'un-tems ſes Muſiciens.

Je ſais, répliqua Théagéne, tout ce qu'on lui reproche touchant ſa République : mais eſt-il bien décidé qu'elle ſoit une de ces ſpéculations qui ne peuvent ſe réduire en pratique ? Qu'on éléve des enfans de la maniére qu'il le preſcrit, on en fera infailliblement des citoyens tels qu'il les demande : & que cette éducation ne ſoit pas une pure chimére, l'éxemple des Lacédémoniens ſemble le prouver; puiſqu'il n'y auroit qu'à ajouter ou à retrancher quelque choſe à la maniére dont ils élevoient les leurs, pour faire de cette chimére prétendue une choſe très-poſſible. Mais ce raiſonnement nous meneroit trop loin; & il importe peu d'ailleurs à la queſtion dont il s'agit que la République de Platon ſoit une idée, pourvû que la Muſique dont il parle ait été réelle. On n'a qu'à le lire, pour ſe convaincre qu'il en parle en effet ſur le pié où elle étoit de ſon tems; puiſqu'il entreprend de la reformer, & qu'ayant diſtingué pluſieurs ſortes d'harmonies il retient celles qui conviennent au gouvernement qu'il propoſe, & qu'il bannit toutes les autres: de la même maniére qu'ayant éxaminé les différentes eſpéces de Poéſies qui étoient alors en uſage chés les Athéniens, il admet celles que l'on employoit à chanter des hymnes à la louange des Dieux, ou des fables dont on ſe ſervoit pour former les mœurs, & qu'il proſcrit toutes celles qui peuvent ou donner une fausse idée de la Divinité, comme les Poémes d'Homére, ou troubler l'ame en excitant les passions, comme les Tragédies. Rien de moins imaginaire, comme vous voyez, que la Poésie sur laquelle il raisonne ainsi. Il ne dit donc rien non-plus de la Musique qui ne fût vrai & reconnu quand il lui donne tant de choses à exprimer.

Mais quand cet endroit de Platon ne prouveroit pas que la Musique ancienne eût pu atteindre à la variété du discours, il est certain du-moins, & cela me suffit, qu'elle en approchoit infiniment plus que la nôtre: car encore une fois à quoi auroit servi ce grand nombre de modes differens dont tous les Auteurs font mention, & dont nous ignorons l'usage? Et après tout en quoi leurs Musiciens seroient-ils plus incompréhensibles que leurs Pantomimes, qui comme le mot le porte exprimoient tout ce qu'ils vouloient par des gestes, & représentoient des piéces entiéres sans parler; mais si bien charactérisées, qu'on distinguoit deux actions d'une même espéce, & qu'en voyant repréſenter par éxemple un pére dévorant ſes enfans, on connoiſſoit ſi c'étoit Saturne ou Thyeſte ? Vous ſavez que le Comédien Roſcius avoit fait un livre, où il comparoit cette éloquence muette à l'éloquence de l'Orateur (*a*), & où il tâchoit de prouver à Cicéron que cette derniére ne fournit pas plus d'expreſſions différentes pour repréſenter une choſe, que l'art du Comédien fourniſſoit de geſtes & de mouvemens divers pour la faire bien ſentir.

Oui; je ſais encor, reprit Callimaque, qu'on nous débite ſérieuſement qu'un Prince de Pont (*b*) venu à Rome demanda à Néron un de ces Pantomimes, pour pouvoir, diſoit-il, ſe faire entendre à des nations barbares avec qui il avoit à traiter. Mais quand il n'y auroit rien à rabattre de ce récit, ne parlons point d'un art qui s'eſt perdu & dont par conſéquent nous ne saurions juger. Nous n'avons plus de Pantomimes : mais nous avons des

(*a*) Macrob. Saturnal l. 2. c. 10.
(*b*) Lucien, Dialogue de la danſe.

Muſiciens

Musiciens qui, ayant joint à un génie extraordinaire une étude & un éxercice continuel, doivent avoir atteint la perfection de leur art: ainsi tout ce qu'ils ne peuvent éxécuter doit passer pour impossible & pour fabuleux.

C'est où je vous attendois, repartit Théagéne, pour vous prouver par de nouvelles raisons combien on a tort de vouloir toujours juger de ces tems-là par raport au nôtre; de ces tems-là, où l'on apprenoit à chanter aussi-tôt qu'à lire, où l'ignorance du chant étoit un préjugé d'une mauvaise éducation, où les plus grands hommes y donnoient une partie de leur tems, & où enfin la Musique aussi-bien que le reste des beaux arts étoient sur le pié des connoissances les plus relevées, jusque à égaler en estime & en considération la science de la Guerre & du Gouvernement. Ce sont là des faits si connus, que vous pourriez bien si vous le vouliez m'épargner la peine de vous les prouver.

A quoi éxerçoit-on le jeune Achille sur les montagnes de Thessalie? Juvenal ne parle que du chant (*a*), comme si c'étoit la seule chose que Chiron eût enseignée d'abord à son disciple. Parmi les Grecs, dit Cicéron (*b*), on ne passoit point pour savant, à-moins qu'on ne sût chanter. » Epaminondas, continue-t-il, qui selon moi a » été le premier homme de la Gréce, » étoit encore très-habile à jouer » des instrumens : & Thémistocle, » ayant refusé dans un festin de » jouer d'une Lyre qu'on lui pré- » senta, donna mauvaise opinion » de lui, & fut regardé comme un » homme qui avoit été mal élevé. Le même Cicéron (*c*) nous a conservé le nom du Maître de Musique de Socrate; & Plutarque nous raporte que Platon l'avoit apprise sous les deux plus grands hommes de son tems. Desorte qu'il n'y avoit point d'usage parmi eux plus généralement établi que l'étude du chant, & que la Gréce alors étoit un Peuple de Musiciens.

Croira-t-on donc qu'un art, dans le tems que tout le monde s'y exer-

(*a*) Juvenal. Sat. 7. vers 210.
(*b*) 1. Des Questions Tusculan. 2.
(*c*) 9. Des Epit. famil. 22.
(*d*) Traité de la Musique.

çoit, & qu'il étoit si fort relevé par le mérite de ceux qui s'en mêloient, n'ait pas été porté plus loin que quand il est devenu le métier de quelques particuliers ? Croira-t-on que l'émulation, qui est la véritable nourrice des sciences, excitée comme elle le devoit être alors par un si grand nombre de rivaux; que l'avantage inestimable de n'être jugé en chantant que par des connoisseurs; que tout cela, dis-je, ne donnât pas des ouvertures extraordinaires à l'esprit, & ne fît pas trouver pour plaire & pour toucher des routes inconnues à ceux qui, comme les Musiciens d'aujourd'hui, sont privés de tant de secours ? En-effet est-on obligé parmi nous, je ne dis pas de cultiver le chant, mais même de s'y connoître ? Est-il question de Musique dans nos Echoles ? Nos Savans, nos Magistrats, nos Généraux d'Armées s'en feroient-ils publiquement une occupation sérieuse; & s'aviseroit-on de leur reprocher, comme on fit à Themistocle, de n'avoir pas appris à jouer des instrumens ? En vérité, quand il n'y auroit que cette différence des usages des Grecs aux nôtres, il n'en faudroit pas davantage pour condamner tout paralléle entre nos Musiciens & les leurs.

Mais il y en a encore une qui n'est pas moins décisive. Non seulement comme nous venons de le dire, l'étude du chant faisoit partie de l'éducation des enfans & de l'érudition des plus grands hommes, mais nous voyons de plus que ceux qui en faisoient une profession particuliére étoient souvent appellés aux plus grands emplois ; témoins Ismenias (*a*) joueur de flute (vous en rirez si vous voulez) Ismenias qui fut envoyé Ambassadeur en Perse, témoin le Poéte Tirtée autre joueur de flute, lequel si heureusement pour les Lacédémoniens leur servit de Général le jour qu'ils donnérent contre les Messéniens cette bataille dont je crois vous avoir parlé (*b*). Et pourquoi les Musiciens auroient-ils été exclus des honneurs, & des dignités de leur Patrie ? Eux qui alloient de pair avec les Peintres, les Sculpteurs, & les Orateurs les

(*a*) Elien, hist. diverse, l. I. c. 21.
(*b*) Ci-devant pag. 18.

plus célébres, pour ne point parler des Poétes qui étoient nécessairement Musiciens, comme nous l'avons vu. Or vous n'ignorez pas le rang que tenoient ces beaux arts dans la pluspart des Républiques de la Gréce, où à-cause de l'égalité des conditions on ne pouvoit espérer de se distinguer que par le mérite & par le savoir, & où comme on le voit dans l'Apologie de Socrate & ailleurs tout savoir de quelque espéce qu'il fût étoit honoré du nom de sagesse, aussi-bien celui des Poétes & des Peintres que celui des Philosophes & des Politiques.

C'est donc une nouvelle raison de s'étonner que, voyant combien la pluspart de ces mêmes arts & entre autres la Musique ont perdu de leur considération, vous ayez voulu comparer des Mercenaires tels que nos Musiciens à des génies excités par les plus nobles récompenses, & par la gloire qu'ils étoient sûrs d'aquerir dans leur patrie à-mesure qu'ils excelleroient dans leur profession.

Souffrez que je vous rappelle à ce propos la judicieuse remarque de

Cicéron *, qu'il y a je ne sais quelle alliance entre les belles disciplines qui fait qu'elles se tiennent toutes comme par la main, & qu'elles ont toujours marché d'un pas égal vers la perfection; ce qui doit sur tout être vrai de celles qui se proposans l'imitation de la nature sont en quelque maniére liées par cette espéce de conformité. Or certainement nous n'avons pas été aussi loin que les Anciens en fait d'Eloquence, de Poésie, de Sculpture, & d'Architecture : car (comme ce n'est pas aujourd'hui le sujet de notre dispute) vous n'aurez je crois pas de peine à en convenir. Vous conviendrez donc aussi, si la remarque de Cicéron a quelque fondement, qu'ils ont eu le même avantage sur nous en fait de Musique.

Le tems, direz-vous, nous a conservé des poémes, des harangues, des statues, des édifices qui nous mettent à-portée de juger par nous mêmes de ce qu'ils savoient faire dans ces sortes d'arts, aulieu qu'il ne nous reste aucun de ces chants dont on publie tant de choses sur-

* Dans le Plaidoyé pour Archias 2.

prenantes : mais quoi ! parce que les ſons ne ſont pas d'une nature à ſe conſerver comme la pierre & le marbre , faut-il refuſer de rendre juſtice à la Muſique ancienne, & traiter de fables tout ce qu'on en dit ? Vous n'avez aucun de ces tableaux d'Apelle ni des autres Peintres dont l'Antiquité a admiré les ouvrages, la toile & la couleur n'étant pas non-plus des matiéres propres à ſe défendre contre le tems : on ne laiſſe pas cependant d'avoir pour la peinture des Anciens toute l'eſtime qu'elle mérite, parce qu'on en juge par leur poéſie par leur ſculpture, & en général par l'eſprit par la nobleſſe & par l'expreſſion qu'ils mettoient dans leurs ouvrages. J'employe donc le même préjugé en faveur de leur Muſique, parce qu'on ne voit point par quelle raiſon elle ſeroit le ſeul art où ils ne nous auroient point ſurpaſſés. Au contraire il me ſemble que c'eſt celui ſur lequel il devroit y avoir le moins de diſpute , puiſqu'il s'en faut bien que les autres ayent reçu dans tous les tems d'auſſi grands éloges, & qu'on leur ait attribué autant de merveilles : car tant que vous n'opposerez que votre incrédulité à des faits aussi solemnellement attestés, je suis toujours en droit d'y revenir ; ils me donnent une espéce de possession dans laquelle, avec toutes vos raisons, vous ne sauriez me troubler, & il me semble avoir détruit jusque-ici celles que vous m'avez alleguées.

Il faut donc, répondit Callimaque, croire aveuglement tout ce que vos Anciens ont dit des effets de leur Musique ? Mais ne pourriez-vous point, en faveur de ma docilité, me le faire encore comprendre.

C'est à quoi je ne me suis point engagé, répliqua Théagéne, mais quand je ne le comprendrois pas moi-même, je ne croirois nullement pour cela qu'il me fût permis d'en douter. Et n'ai-je pas satisfait à tout ce que vous pouviez éxiger de moi ; quand, après avoir combattu votre incrédulité par des faits incontestables & par des conséquences sans réplique, j'ai en quelque façon mis sous vos yeux premiérement les qualités qui rendoient la Musique d'autre fois si parfaite, & en second lieu

lieu les ſecours qu'elle avoit pour s'élever à cette perfection ! Dès là ce me ſemble il ſeroit naturel de conclure, qu'on ne devroit pas même avoir beſoin de ſavoir les effets que la Muſique a produits, pour comprendre qu'elle a été capable de les produire ; bien loin qu'il ſoit permis de les révoquer en doute, quand ils ſont établis ſur les témoignages les plus autentiques.

Mais voyons ſi nous ne trouverons rien de plus pour achever de vous rendre raiſon de ce qui vous paroît ſi incroyable.

Il eſt certain que la Muſique ne nous touche qu'à-proportion de notre ſenſibilité. Il y a tel homme pour qui l'harmonie n'eſt que du bruit, il y en a d'autres qu'elle tranſporte juſque à ſuſpendre en eux le ſouvenir de leurs affaires & de leurs chagrins. Nous voyons des perſonnes qui paſſent de la gayeté à la mélancholie, & de la langueur à l'agitation, ſelon qu'il plaît au Muſicien. Suppoſons donc des ames auſſi ſenſibles qu'elles le peuvent être & une Muſique excellente: celle-ci fera néceſſairement ſur elles des impreſſions extraordinaires ; & telles qu'elle en faiſoit ſur les Grecs qui, nés ſous un climat tempéré & plus chaud que le nôtre, étoient tout-autrement ſuſceptibles de paſſions que nous ne le ſommes, qui avoient un goût plus vif & un ſentiment plus exquis pour les voluptés, & qui étoient enfin doués d'une pénétration plus ſubtile pour tout ce qu'ils voyoient & entendoient, parce que la nature leur avoit donné des ſens plus fins & des organes plus déliés. Ajoutez qu'étans nourris pour la pluspart dans la liberté du Gouvernement populaire, il ſe livroient ſans contrainte à tout ce qui pouvoit flatter leur imagination, & qu'ils n'omettoient rien de ce qui étoit capable de leur procurer du plaiſir. Or quel avantage n'étoit-ce point pour un Muſicien d'avoir affaire à des Auditeurs ainſi diſpoſés ?

Deſorte, reprit Callimaque, que pour rendre la toute-puiſſance de leur Muſique vraiſemblable, vous êtes obligé de mettre ſur le compte de ces mêmes Auditeurs une partie de l'impreſſion qu'elle leur faiſoit ;

& vous ne prenez pas gardeque c'eſt autant de rabattu ſur le mérite du Muſicien.

Bien loin d'en rien rabattre par là, répliqua Théagéne, je prétens que cette ſenſibilité (qu'on ne doit pas ſuppoſer moindre en lui que dans ſes Auditeurs) ajoutoit encore un nouveau prix à ſon ſavoir.

Je ſuis pour Théagéne, dit Leontium : la ſenſibilité eſt l'ame du chant ; & pour peu que l'on ait de goût, on la préférera toujours à la plus ſavante éxécution, puiſque celle-ci ne flatte que l'oreille, & que l'autre va droit au cœur. On peut plaire & ſe faire admirer avec un beau génie, avec une belle voix, & avec une main excellente ; mais on ne touche qu'autant que l'on eſt touché, & que l'on ſent ſoi-même ce qu'on exprime.

Et c'eſt, reprit Théagéne, pour avoir excellé dans cette partie, autant que pour avoir trouvé des diſpoſitions toutes ſemblables dans leurs Auditeurs, que les Muſiciens de l'Antiquité ont produit des effets qui nous ont laiſſé une ſi grande idée de leur art. De même je ſuis persuadé que si les Anciens ont donné plus de vie à leurs ouvrages de Sculpture, s'ils ont mis plus d'ame dans leur Poésie, & si leur Eloquence remuoit davantage, ce n'étoit que parce qu'ils nous surpassoient en sensibilité.

Est-il possible, dit alors Callimaque, que deux ou trois degrés de plus en approchant du Soleil mettent une si grande différence entre eux & nous, qu'il faille leur accorder à notre exclusion toutes les bonnes qualités de l'ame & de l'esprit dans un souverain degré! Et ne craignez-vous point qu'en cela on ne vous accuse d'un peu de prévention?

Que voulez-vous que je vous dise? répondit Théagéne : c'est un fait; & qui est d'autant plus probable, que les Italiens, pour être nés sous un climat plus chaud que le nôtre, sont quelquesfois transportés jusque à l'excès de certains endroits de Musique qu'un François à-côté d'eux n'écoute qu'avec indifférence. Mais, pour vous faire voir combien je suis peu prévenu en faveur des Anciens, comme vous m'en accusez, c'est que bien loin de mettre cette sensibilité au rang des qualités louables, je la tiens très-pernicieuse pour les mœurs quand on s'y abandonne sans mesure, comme faisoient la pluspart des Grecs dans les tems dont nous parlons; en quoi certainement nous ne devons pas avoir regret de leur céder.

C'est-à-dire, reprit Leontium, que plustôt que de ne leur pas conserver en tout le premier rang, vous prétendez que nous ne saurions atteindre à leurs vices non-plus qu'à leurs vertus?

Qui en doute? reprit Théagéne: il me seroit aisé de vous le prouver en détail; mais je me bornerai à vous faire observer que des vices médiocres n'auroient pas été suffisans pour détruire ce que la vertu de tant de grands hommes avoit établi. Or quel est le vice qui a ruiné les Etats les plus florissans de la Gréce? Cette même sensibilité & l'amour desordonné des plaisirs. Et que diriez-vous, si l'on vous faisoit voir que celui de la Musique y a eu plus de part qu'aucun autre? Dumoins est-ce la pensée de Platon (*a*), qui avoit ſans doute en vue la décadence des Grecs, lorſqu'il dit » que toute nouveauté introdui- » te dans le chant eſt ſuivie d'un » changement dans l'Etat, & qu'on » ne ſauroit toucher aux loix de la » Muſique ſans toucher à celles du » Gouvernement. Cicéron (*b*) dit la même choſe, & prouve par là le pouvoir que la Muſique a ſur nos ames; ſoit pour les fortifier, ſoit pour les amollir ; ce qui certainement ne peut convenir qu'à des ames d'une autre trempe que les nôtres, & tout-autrement ſuſceptibles de bonnes ou de mauvaiſes impreſſions. Car comment appliqueriez-vous aujourd'hui à la Muſique cette *vertu inſtructive* qu'on lui attribuoit anciennement (*c*) ? Quel pouvoir a-t-elle ſur nous pour nous rendre meilleurs ? Quelle part lui ſauroit-on donner aux révolutions qui arrivent dans les Etats ? Avons-nous des loix concernant cette ſorte de plaiſir ? Voyons-nous que ceux

(*a*) Cité par Cicéron au 3. l. des Loix, c. 14.

(*b*) Liv. 2. des Loix, c. 15.

(*c*) Platon en divers chapitres du 8. liv. de ſa République.

qui nous gouvernent prennent ſoin, ainſi qu'on faiſoit autresfois, de diſtinguer les différentes eſpéces d'harmonies pour nous recommander les unes & nous interdire les autres? Il n'y en a aucune qu'on nous conſeille ou qu'on nous défende : car ſi l'on défend les *Opéras*, c'eſt comme ſpectacles & non comme concerts, puiſque certainement ce n'eſt pas la Muſique qui les rend dangereux : cela eſt ſi vrai, que l'on en ſort moins ému & moins touché que d'une Tragédie, & que l'on n'y a jamais pleuré, comme il eſt arrivé tant de fois à la vingtiéme repréſentation d'une piéce de Corneille ou de Racine; enſorte que la Muſique, qui n'étoit faite que pour ajouter à l'expreſſion, ne ſert à proprement parler aujourd'hui qu'à l'affoiblir.

C'eſt, dit Leontium, que par un faux goût qui s'eſt introduit en France depuis quelques années, au lieu de reſerver la Muſique pour des endroits ou propres aux ornemens de l'harmonie (comme les prologues, les invocations, les chœurs) ou ſuſceptibles d'expreſſion (comme les récits pathetiques placés dans un interméde, ainsi qu'on en usoit du tems de Moliére) on s'est avisé de mettre en chant toute une Tragédie d'un bout à l'autre, jusque aux dialogues d'un Prince avec son Confident, jusque aux commissions qu'il lui donne, jusque aux récits les plus indifférens.

Comment cette profusion d'harmonie ne lasseroit-elle pas l'attention! Aussi est-on venu à bout par-là de faire desirer au spectateur la fin d'un divertissement où l'art & la magnificence n'ont rien épargné pour le plaisir des yeux & des oreilles.

Oui, dit Théagéne, mais ajoutez qu'en recompense on y néglige fort le plaisir de l'ame. Les yeux se lassent de voir & les oreilles d'entendre; mais l'ame ne se lasseroit jamais de sentir: si donc elle prend si peu de part à ces sortes de spectacles, si elle n'y sent ni trouble ni agitation, croyez-moi, c'est en partie que la Musique ne trouve plus ni dans l'Auditeur ni dans le Musicien cetté sensibilité qui lui aidoit autresfois si puissament à réveiller les passions, & qui par là a toujours semblé si dangereuse. Les Grecs, comme je vous l'ai dit, en ont éprouvé les funestes suites ; & les plus sages d'entre eux les avoient prévues, témoin les soins scrupuleux qu'ils avoient aportés pour les prévenir. Je me contenterai là-dessus d'un ou de deux éxemples, par lesquels je prétens finir : car, si l'on se lasse si-tôt de la Musique, combien plustôt doit-on se lasser d'en entendre parler !

Pour sortir donc de cette matiére en vous confirmant ce que je vous ai dit de la sensibilité des Grecs, comme d'une chose qui donnoit sur eux un si grand empire à la Musique, & qui ajoutée à l'excellence dont elle étoit, achevoit de rendre raison des effets extraordinaires qu'elle a produits, il n'y a qu'à vous faire observer la conduite des Lacédémoniens.

Lycurgue * en tems de paix ordonne les modes graves & sérieux, & condamne avec sévérité tous les autres qui peuvent énerver le cou-

* Plutarque : vie de Lycurgue, & dans la description de quelques Coutumes des Lacédémoniens, pag. 238, du to. 2. de l'édit. gr. lat. de Paris.

rage & conduire à la sensualité. D'où vient cetto précaution, si ce n'est de ce qu'il connoissoit le goût naturel que ses citoyens aussi-bien que le reste des Grecs avoient pour les plaisirs, & combien aisément ils se seroient laissés aller à tout ce qui pouvoit flatter leurs sens si une éducation & une discipline austéres ne les eût retenus? De même, quand on défendit à Sparte toute nouveauté dans la Lyre, jusque à châtier rigoureusement un certain Timothée * pour y avoir ajouté une seule chorde, n'étoit-ce pas de crainte que l'harmonie n'en devint trop efféminée? Cette crainte, causée par une innovation si peu considérable, ne suppose-t-elle pas en eux un étrange penchant à se laisser amollir par les charmes de la Musique?

A ce compte-là, dit Leontium, il n'y auroit donc point eu assés de supplices pour notre Musicien, qui a ajouté plus de cent chordes au Tympanum.

Il peut, répondit Théagéne, courir le monde tant qu'il lui plaira;

*. Cicéron liv. 2. des Loix. Athénée liv. 14.

il ne trouvera plus de Lacédémone en ſon chemin. . . . .

A quelle heure ſe couchoient les Lacédémoniens? interrompit Leontium, qui venoit d'entendre ſonner ſa pendule (car c'eſt toujours en riant qu'elle ſait mettre fin aux converſations qui durent trop à ſon gré ; non qu'elle nous donnât le moindre lieu de ſoupçonner que celle-ci l'eût ennuyée, mais c'eſt qu'en effet ſans y prendre garde nous avions paſſé de beaucoup l'heure ordinaire où ſes infirmités l'obligent de ſe retirer.)

Nous lui en fîmes des excuſes, & ſur tout Callimaque qui ne la connoiſſant que depuis peu, n'étoit pas avec elle auſſi familier que nous le ſommes.

Elle nous raſſura ; en nous diſant, qu'elle ne pouvoit rien craindre d'un dérangement dont la cauſe lui avoit donné tant de plaiſir, & qu'il ſuffiſoit pour ſa ſanté d'avoir oublié qu'il fût ſi tard : à quoi elle ajouta que la nôtre étant auſſi bonne qu'elle étoit, elle nous conſeilloit de ne point nous ſéparer du reſte de la ſoirée. Nous profitâmes de ſon avis, en ſuivant Théagéne, qui nous propoſa de faire quelques tours dans une promenade voiſine, & de ſouper enſuite avec lui.

A-peine étions-nous ſortis, que Callimaque prenant la parole, que de charmes, dit-il, que de graces, que de bienſéances ! & qu'ai-je fait tout le tems de ma vie que j'ai paſſé ſans la connoître !

Vos regrets, lui dit Théagéne, ſont mieux fondés que vous ne pouvez vous l'imaginer. Leontium vous auroit paru telle dans tous les tems qu'elle vous paroît aujourd'hui. Comme elle conſerve dans l'eſprit les mêmes agrémens que l'on y a toujours trouvés, elle a eu toute jeune qu'elle étoit cette même ſolidité qui vous paroît peut-être en elle le fruit des années & de l'expérience ; & l'on a retenu des choſes qu'elle a dittes autresfois qui prouvent qu'elle réfléchiſſoit dans un âge où à peine les autres ſont capables de penſer, & que ſa prévoyance lui rapprochoit dès-lors les tems de ſa vie les plus éloignés.

Je crois en-effet, dit Callimaque, que ce qu'on dit de la ſanté du corps ſe peut entendre de celle de l'eſprit, qu'il faut être âgé de-bonne-heure pour être jeune long-tems : & quand je n'aurois jamais connu Leontium, je n'en ſerois pas moins convaincu de tout ce que vous venez de dire ; puiſqu'il n'y a qu'un mêlange toujours égal de ſolidité & d'agrémens, tel que vous nous le repréſentez, qui ait pu produire cette perſévérance d'eſtime & d'approbation dont elle a joui.

Vous avez raiſon, repliqua Théagéne ; & ce qui eſt encore à remarquer, c'eſt que ſon ſiécle a changé de goût plus d'une fois, que la Mode n'a pas moins fait ſentir ſon pouvoir ſur la maniére de penſer que ſur celle de s'habiller, & que cependant Leontium a été ſucceſſivement du goût de tout le monde ſans être différente d'elle-même, & qu'elle a toujours été à la mode ſans reſſembler à perſonne.

Convenons, dit alors Callimaque, que c'eſt là une prérogative bien rare ou pluſtôt unique : car, comme diſoit le vieu Caton ; *Il eſt bien difficile d'avoir raiſon devant* *les hommes d'un autre siécle* *. Et combien a-t-on connu de personnes qui, ayant trouvé autresfois des admirateurs, ont survêcu à leur nom sans qu'il soit arrivé de changement à leur esprit ?

Vous verrez, reprit Théagéne, que les personnes dont vous parlez avoient l'esprit de leur tems & non pas le leur. D'où vient la comparaison que l'on en fait si communément avec les vertugadins & les colets montés qu'on voit dans d'anciens portraits ; aulieu que, quand on a un esprit à soi, on a un esprit de tous les tems, & qu'on est sûr de plaire toujours, par la même raison que certains autres portraits qui ne représentent aucune mode, mais des ornemens simples & naturels (une coeffure de fleurs, un voile, une drapperie legére) ont le privilege de ne vieillir jamais. Leontium est un éxemple bien sensible de cette différence.

* Cette pensée ou ce mot n'est point parmi les Apophthegmes attribués au vieu Caton dans Plutarque, & je ne sache pas que dans le Dialogue de Cicéron intitulé Cato Major il y ait rien qui y revienne.

Pendant le régne de ces personnes, à qui l'on a donné depuis le nom de *Précieuses* *, & qui s'étoient mises en droit de distribuer la réputation; ensorte, leur faisoit-on dire, que personne n'auroit d'esprit hors elles & leurs amis, Leontium, sans rechercher leurs suffrages, ou plustôt ennemie déclarée de leur charactére, voyoit venir chés elle tout ce qu'il y avoit d'honêtes-gens attirés par les charmes de son entretien : & depuis que l'on eut ouvert les yeux sur ce que le leur avoit de faux & de ridicule, depuis qu'elles se furent décriées jusqu'à porter malheur aux meilleures conversations, la sienne fut toujours exceptée; & vous m'avouerez qu'aujourd'hui de tous les lieux où les compagnies se rassemblent, sa maison est peut-être la seule où l'on ose encore faire usage de l'esprit, & où l'on passe des journées entiéres sans jeu & sans ennui.

Comme elle n'est pas moins éloignée de l'affectation qui faisoit le charactére de ces tems-là, que de la

* Act. 3. sc. 2. des Femmes savantes de Moliére.

groſſiéreté qui lui a ſuccédé de ſi près, elle s'entretient impunément des matiéres les plus relevées comme des plus communes, juſque là même que les ſciences ſont bien reçues chés elle comme vous venez de l'éprouver.

Au talent qu'elle a de les égayer quand elles l'ennuyent, repartit Callimaque, elle auroit tort de les bannir.

D'accord, reprit Théagéne: mais ce qui fait encore qu'elles ſont ſi bien avec elles, c'eſt que n'ayant pour ainſi dire rien appris de ce qu'elle ſait (parce qu'elle a une répugnance invincible pour tout ce qui demande de l'étude) elle ne craint rien moins que de paſſer pour ſavante: & quoiqu'elle ne laiſſe pas d'avoir un goût extraordinaire pour la lecture; comme elle oublie ou croit oublier tout ce qu'elle a lu, elle prétend jouir de toutes les libertés de l'ignorance.

Cependant, répliqua Callimaque, ſoit mémoire, ſoit réminiſcence, qu'un fait hiſtorique, un vers ou un paſſage, ait rapport à ſa penſée, je vois qu'il ne manque jamais de s'offrir à elle. Oui,

Oui, pourſuivit Théagéne; mais vous aurez remarqué mieux que perſonne qu'alors ils lui deviennent propres par l'uſage qu'elle en fait, & qu'ils paroiſſent tout nouveaux par le ſens détourné qu'elle leur donne: autrement, elle ne daigne les citer, ou pluſtôt ils ſont au nombre des choſes qu'elle ignore. De même, qu'un événement ſingulier ou qu'une avanture plaiſante l'ayent frapée autresfois, elle les retrouve à-point-nommé, & avec quelle grace les redonne-t-elle? Ce qu'on appelle des contes dans la bouche d'un autre, ſont dans la ſienne des ſcénes parfaites, ſoit pour la reſſemblance des charactéres, ſoit pour la netteté ou la briéveté du récit, où l'on ne peut rien retrancher ni ajouter.

Vous me rappellez dans ce moment, dit Callimaque, une particularité que je tiens de Moliére lui-même, qui nous la raconta peu de jours avant qu'il donnât ſon *Tartufe*, & qui confirme bien ce que vous dittes. Je me reſſouviens, dis-je, que, me trouvant dans une compagnie où il étoit, on parla du pouvoir de l'imitation. Nous lui demandâmes pourquoi le même ridicule, qui nous échape souvent dans l'original, nous frape à-coup-sûr dans la copie. Il nous répondit que c'est parce que nous le voyons alors par les yeux de l'imitateur qui sont meilleurs que les nôtres : car, ajouta-t-il, le talent de l'appercevoir par soi-même n'est pas donné à tout le monde. Là-dessus il nous cita Leontium, comme la personne qu'il connoissoit sur qui le ridicule faisoit une plus prompte impression; & il nous apprit qu'ayant été la veille lui lire son Tartufe (selon sa coutume de la consulter sur tout ce qu'il faisoit) elle le paya en même monnoye par le récit d'une avanture qui lui étoit arrivée avec un scélérat à-peu-près de cette espéce ; dont elle lui fit le portrait avec des couleurs si vives & si naturelles, que si sa piéce n'eût pas été faite, nous disoit-il, il ne l'auroit jamais entreprise, tant il se seroit cru incapable de rien mettre sur le Théatre d'aussi parfait que le Tartufe de Leontium. Vous savez si Moliére étoit un bon juge en ces sortes de matiéres. Puisque Leontium est donc frapée plus que perſonne du ridicule, il ne faut pas s'étonner qu'elle le rende ſi bien.

Quelquesfois mieux qu'elle ne voudroit, ajouta Théagéne en soûriant, & par des traits qui ne périront jamais.

Je vous entens, répliqua Callimaque; cependant, par un bonheur qu'on ne ſauroit aſſés admirer, jamais, dit-on, ils n'ont pû lui faire perdre aucun ami.

C'eſt, reprit Théagéne, qu'on les regarde comme les effets d'une impreſſion involontaire, & qu'on eſt toujours diſpoſé à recevoir en bonne part tout ce qui vient d'une perſonne qui ne ſe pardonne rien à elle-même, & qui ſeroit la premiére à relever en elle ce qui la bleſſe dans les autres. Elle eſt d'ailleurs ſi fort au-deſſus de l'envie & de la malignité, on a tant de preuves de la bonté de ſon cœur, ſon amitié enfin eſt ſi précieuſe, que l'on aime mieux prendre ſes railleries pour des avis que pour des offenſes, & que l'on a moins de peine à ſe corriger que l'on en auroit à la haïr.

Comme à ces paroles je ne pus

m'empêcher de rire de ſouvenir, & que Théagéne & Callimaque me demandérent ce que c'étoit; c'eſt, leur dis-je, que je ſais un homme d'eſprit & de conſidération (que vous connoiſſez tous auſſi-bien que moi). lequel étant averti de quelques plaiſanteries qu'elle avoit laiſſé échaper ſur lui, jugea à propos de s'en prendre à un autre pluſtôt que d'avoir à ſe plaindre d'elle.

Je ſais qui vous voulez dire, reprit Théagéne; elles ſont pourtant, ajouta-t-il, marquées à un coin bien ſingulier pour que l'on puiſſe s'y méprendre. On eſt en peine de définir ce je ne ſais quoi que les Romains entendoient par *Urbanité* & les Grecs par *Atticiſme* : ſi au lieu de définition on vouloit ſe contenter d'exemples, les bons mots de Leontium beaucoup mieux que ceux qui ſont raportés par les Rhéteurs pourroient nous donner l'idée de la fine plaiſanterie de ces deux Nations les plus polies & les plus ingénieuſes qui ayent jamais été. Faut-il donc s'étonner, après tout ce que nous venons de dire, ſi ſon entretien a fait également les délices des tems différens où elle a vêcu ? Elle auroit plu de même dans tous les ſiécles, puiſque le *bon* & le *beau* ne relevent ni du tems ni de la mode.

Pour moi, dit Callimaque, je ſuis ſi ſort de votre avis & tellement convaincu que le vrai mérite fait toujours le même effet, qu'Aſpaſie parmi nous & Leontium entre Pericles & Socrate ne me coûte rien à imaginer.

Il m'eſt auſſi arrivé plus d'une fois continua Théagéne, de prendre plaiſir pour l'honeur de notre ſiécle à les mettre toutes deux à la place l'une de l'autre. Mais à-propos de l'Athéniéne, je voudrois bien qu'aulieu de certaines lettres, que quelque Auteur plus récent s'eſt diverti à écrire ſous ſon nom, nous euſſions celles qu'elle peut avoir effectivement écrites à ſes deux diſciples : nous les comparerions aux lettres de Leontium, qui méritent bien ici quelque ſouvenir, puiſqu'elles n'ont pas été moins privilégiées que ſa converſation l'a été ; & cela, tandis que deux Ecrivains autresfois ſi vantés parmi nous, ces Maîtres du ſtyle épiſtolaire ſont déchus du rang où la voix publique les avoit placés.

On peut encore prendre plaisir à lire Balzac, mais on n'oseroit s'en vanter; & tel qui lui doit le plus, est le premier à le décrier. Voiture même commence à se passer, & je doute qu'on voulût écrire comme lui quand on le pourroit : dumoins ne chercheroit-on pas à l'imiter dans les efforts d'esprit qu'il fait quelquesfois, & qui sont si éloignés de la simplicité des entretiens familiers dont ce genre d'écrire ne sauroit trop approcher.

Mais pour les lettres de Leontium, elles ont toujours également plu, parce que ce sont des Lettres. Quoique le tour en soit singulier, elles n'ont rien de recherché : quoique remplies de morale & toutes brillantes d'esprit; comme la morale y est toujours assaisonnée par l'enjouement, & que l'esprit ne s'y montre que sous les apparences d'une imagination libre & naturelle, elles ne différent en rien de sa conversation, & il est impossible de n'y pas sentir qu'en écrivant à ses amis elle croit elle-même leur parler.

Là-dessus Théagéne en tira une qu'elle lui avoit écrite le matin pour l'inviter à la Musique de l'après-dîner, & qui seule auroit suffi pour prouver ce qu'il venoit d'avancer.

Comme, après l'avoir lue avec tout l'applaudissement qu'elle méritoit, Callimaque & lui gardoient le silence; je suis presque tenté, leur dis-je, de m'offenser pour Leontium de ce qu'ayant trouvé tant de choses à dire de son esprit, vous ne parlez point de ce qui est en elle de beaucoup plus estimable.

Eh par où commencer! s'écria Théagéne : le plus court est de s'en tenir à ce qu'on en a dit tant de fois, qu'elle joint toutes les vertus de notre séxe aux graces du sien, en dépit duquel elle s'est mise au rang des hommes illustres.

Comme le premier usage qu'elle a fait de sa raison a été de s'affranchir des erreurs vulgaires, elle a compris de bonne heure qu'il ne peut y avoir qu'une même morale pour les hommes & pour les femmes. Suivant cette maxime, qui a toujours fait la régle de sa conduite, il n'y a ni éxemple ni coutume qui pût lui faire excuſer en elle la fauſſeté, l'indiſcrétion, la malignité, l'envie, & tous les autres défauts qui, pour être ordinaires aux femmes, n'en bleſſent pas moins les premiers devoirs de la ſociété.

Mais ce principe, qui lui fait ainſi juger des paſſions ſelon qu'elles ſont en elles-mêmes, l'engage auſſi par une ſuite néceſſaire à ne les pas condamner plus ſévérement dans l'un que dans l'autre ſéxe. C'eſt pour cela par éxemple qu'elle n'a jamais pu reſpecter l'autorité de l'opinion dans l'injuſtice qu'ont les hommes de tirer vanité de la même paſſion à laquelle ils attachent la honte des femmes, juſque à en faire leur plus grand ou pluſtôt leur unique crime : de la même maniére qu'on réduit auſſi leurs vertus à une ſeule, & que la probité, qui comprend toutes les autres, eſt une qualification auſſi inuſitée à leur égard que ſi elles n'avoient aucun droit d'y prétendre.

Préjugé, dit alors Callimaque, non-ſeulement faux, mais dangereux, qui les entraîne quelquesfois dans

dans les plus affreux desordres; parce qu'ayant manqué à ce qu'elles ont coutume de regarder comme leur principale obligation, elles croyent n'avoir plus rien à perdre, & ne daignent plus se ménager sur le reste.

C'est aussi, reprit Théagéne, ce qui a fait dire à un ami de Leontium, dans son livre des Maximes *, que le moindre défaut des femmes galantes est la galanterie : voulant par là donner à entendre qu'il est plus rare & en un sens plus glorieux de s'en tenir à ce seul défaut, que de s'en être garanti ; desorte, selon lui, que celle qui seroit en-effet l'exception de la régle, pourroit s'assurer d'arriver à l'estime & à la considération par où les autres tombent dans le mépris, & qu'il ne faudroit pas s'étonner qu'une personne si singuliére, malgré le peu d'égard qu'elle auroit eu pour les opinions du public, fût parvenue à s'en faire respecter.

Mais si Leontium se souléve contre un préjugé si dangereux, qui en faisant de l'amour le plus grand vice

* M. d. D. d. l. R. à l'article de l'Amour.

des femmes semble comme vous disiez leur laisser la liberté de s'abandonner à tous les autres, il faut convenir aussi qu'on ne peut être plus éloigné qu'elle l'est d'une autre extrémité, je veux dire de l'erreur insensée de ceux qui sous le nom de belle passion voudroient presque ériger l'amour en vertu ; l'amour qu'elle n'a jamais pris que pour ce qu'il est, pour un goût fondé sur les sens, pour un sentiment aveugle qui ne suppose aucun mérite dans l'objet qui le fait naître ni ne l'engage à aucune reconnoissance, en un mot pour un caprice dont la durée ne dépend point de nous, sujet au dégoût & au repentir : & ce qui sembloit lui donner encore plus de droit de le traiter ainsi, c'est qu'elle reservoit toute son estime & toute sa constance pour l'amitié, qui lui a toujours paru une liaison respectable & dans laquelle elle ne s'est jamais permis ni legéreté ni refroidissement, jusque à faire avouer à ses amans qu'ils n'avoient point de rivaux plus à craindre que ses amis.

Voila, dit alors Callimaque,

traiter l'amour& l'amitié ſelon leurs mérites. Mais à-propos d'amans,me pardonnerez-vous ſi je vous dis la ſurpriſe où je fus en la voyant pour la premiére fois ? Quand j'enviſageai cet air grave & reſpectable, cette phyſionomie de ſens & de raiſon devant laquelle il ſemble qu'on n'oſe faillir, j'avoue que j'y cherchai en vain la perſonne dont je m'étois fait l'idée, & que je n'y trouvai rien de cette Leontium qui a cauſé tant de paſſions.

Ce que vous avez tant de peine à y trouver, répliqua Théagéne, eſt auſſi ce qu'elle tâche de faire oublier; & ce que la bienſéance y a mis de beaucoup plus eſtimable à la place , eſt ce qui vous dépaiiſe bien pluſtôt que les changemens qui peuvent être arrivés aux traits de ſon viſage : car, malgré ſon âge , ſi vous voulez faire attention à ſes yeux , vous ſerez infailliblement de l'avis d'un de ſes amis , qui diſoit qu'on y peut lire encore toute ſon hiſtoire. Quels effets n'ont-ils donc pas dû produire quand ils brilloient du feu de la jeuneſſe, quand ils étoient accompagnés d'un tein vif

& uni, d'une taille noble & déliée, d'une grace dans sa démarche & dans sa danse que rien n'a jamais égalé ? Vous m'avouerez que tout cela animé d'un esprit comme le sien n'étoit que trop capable de déranger les meilleures têtes.

Parmi les qualités qui la rendoient si propres à plaire & à toucher, dit Callimaque, il y en a une dont vous ne parlez point, & qui pourtant augmente bien encore le regret que j'ai d'avoir commencé si tard à la connoître. Que vous a fait son Luth pour l'oublier comme vous faites ?

Il faut me le pardonner, répondit Théagene, par la même raison qui m'a fait mille fois oublier auprès d'elle l'envie que j'avois de l'en entendre jouer. Mais il est vrai que quand elle en jouoit, ce qui étoit très-rare, on eût dit qu'elle n'auroit fait autre chose toute sa vie ; & dans ces momens l'on pouvoit se consoler de ce qu'on perdoit d'ailleurs, parce qu'elle trouvoit le secret d'y mettre tout son esprit & toute son ame, ce qui donnoit à son jeu je ne sais quoi de brillant & de tendre où celui des Maîtres ne sauroit atteindre, & sans quoi je doute aussi que son Luth eut pu trouver place dans le récit d'une partie des qualités qui la distinguent avec tant d'avantage des femmes ordinaires.

Il fut dit encore beaucoup d'autres choses sur son sujet pendant le reste de la promenade & pendant le souper. Mais je crois, mon cher Cléobule, devoir finir ici ma lettre, qui peut-être ne vous paroît déja que trop longue, puisque au lieu d'une conversation que vous m'aviez demandée en voila deux dont je vous rends compte. Vous ne vouliez savoir que ce qui avoit été dit chés Leontium, & je ne sais comment je me suis laissé aller à y ajouter ce qui fut dit ensuite de Leontium elle-même; sans faire réfléxion que ne la connoissant pas, vous ne sauriez avoir les mêmes raisons qu'ont ses amis d'aimer à en entendre parler. N'importe, je me serai dumoins donné la satisfaction de vous faire voir que, pour demeurer renfermés dans une Ville, nous ne sommes pas aussi à plaindre que vous vous l'imaginez, & qu'il est encore des gens dans le monde qui ſont d'un auſſi bon commerce que le peuvent être vos forêts & vos prairies.

FIN.

APPROBATION.

J'AI lu par ordre de Monseigneur le Garde des Sceaux un Manuscrit intitulé, *Dialogue sur la Musique des Anciens*, & j'ai cru que le public verroit avec plaisir un ouvrage où l'érudition est assaisonnée de tous les agrémens qui peuvent la rendre aimable. A Versailles le premier Mai mil sept cent vingt-cinq. *Signé*, HARDION.

PRIVILEGE DU ROI.

LOUIS par la grace de Dieu, Roi de France & de Navarre. A nos âmez & feaux Conseillers les Gens tenans nos Cours de Parlement; Maîtres des Requêtes ordinaires de notre Hôtel, Grand-Conseil, Prevôt de Paris, Baillifs, Sénéchaux, leurs Lieutenans Civils, & autres nos Justiciers qu'il appartiendra. SALUT. Notre bien amé NOEL PISSOT, Libraire à Paris, nous ayant fait exposer qu'il souhaiteroit faire imprimer & donner au Public un Livre qui a pour titre, *Dialogue sur la Musique des Anciens*, s'il Nous plaisoit lui accorder nos Lettres de permission sur ce necessaires, offrant pour cet effet de le faire imprimer en bon papier & beaux caracteres, suivant la feuille imprimée & attachée pour modele sous le contre-scel des Presentes, Nous avons permis & permettons par ces Presentes audit Pissot de faire imprimer ledit Livre en un ou plusieurs Volumes, conjointement ou séparément, & autant de fois que bon lui semblera, sur papier & caractére conformes à ladite feuille imprimée & attachée sous le contre-scel desdites Presentes, & de le faire vendre & débiter par tout notre Royaume pendant le tems de trois années consecutives, à compter du jour de la date desdites Presentes : faisons deffenses à tous Libraires & Imprimeurs & autres personnes de quelque qualité & condition qu'elles soient, d'en introduire d'impression étrangere dans aucun lieu de notre obéïssance, à la charge que ces Presentes seront enregistrées tout au long sur le Regiſtre de la Communauté des Libraires & Imprimeurs de Paris, & ce dans trois mois de la date d'icelles : que l'impreſſion de ce Livre ſera faite dans notre Royaume & non ailleurs, & que l'Impetrant ſe conformera en tout au Reglement de la Libraire, & notament a celui du 10. Avril dernier, & qu'avant de l'expoſer en vente le Manuſcrit ou Imprimé qui aura ſervi de copie à l'impreſſion dudit Livre, ſera remis dans le même état où l'approbation y aura été donnée, ès mains de notre très-cher & feal Chevalier Garde des Sceaux de France, le ſieur Fleuriau d'Armenonville, Commandeur de nos Ordres, & qu'il en ſera enſuite remis deux exemplaires dans notre Bibliotheque publique, un dans celle de notre Château du Louvre, & un dans celle de notre très-cher & feal Chevalier Garde des Sceaux de France le ſieur Fleuriau d'Armenonville, Commandeur de nos Ordres, le tout à peine de nullité des Préſentes, du contenu deſquelles vous mandons & enjoignons de faire jouir l'expoſant ou ſes ayans cause pleinement & paisiblement, sans souffrir qu'il leur soit fait aucun trouble ou empêchement: voulons qu'à la copie desdites Presentes qui sera imprimée tout au long au commencement ou à la fin dudit Livre, foi soit ajoûtée comme à l'original: commandons au premier notre Huissier ou Sergent de faire pour l'execution d'icelle, tous Actes requis & necessaires, sans demander autre permission, & nonobstant Clameur de Haro, Charte Normande & Lettres à ce contraires. Car tel est notre plaisir. Donné à Paris le dix-huitiéme jour du mois d'Octobre l'an de grace mil sept cent vingt-cinq, & de notre Regne le onziéme. Par le Roi en son Conseil, DE S. HILAIRE.

Registré sur le Registre VI. de la Chambre Royale des Libraires & Imprimeurs de Paris N° 302, fol. 244. conformément aux anciens Reglemens, confirmez par celui du 28. Février 1723. A Paris le 28. Octobre 1725.

Signé, BRUNET, Syndic.

ERRATA.

P. 8. l. 5. *mettez un point admiratif après* secours !

— l. 7. de soutenir, *lisez*, à soutenir

P. 9. l. 12. & 13. à étudier, *lisez*, pour étudier

— l. 14. à les tourner, *lisez*, pour les tourner

— l. 16. à y apporter, *lisez*, pour y apporter

P. 114. l. 17. elle le paya, *lisez*, elle l'avoit payé

www.ingramcontent.com/pod-product-compliance
Ingram Content Group UK Ltd.
Pitfield, Milton Keynes, MK11 3LW, UK
UKHW021152260726
13994UKWH00001B/422